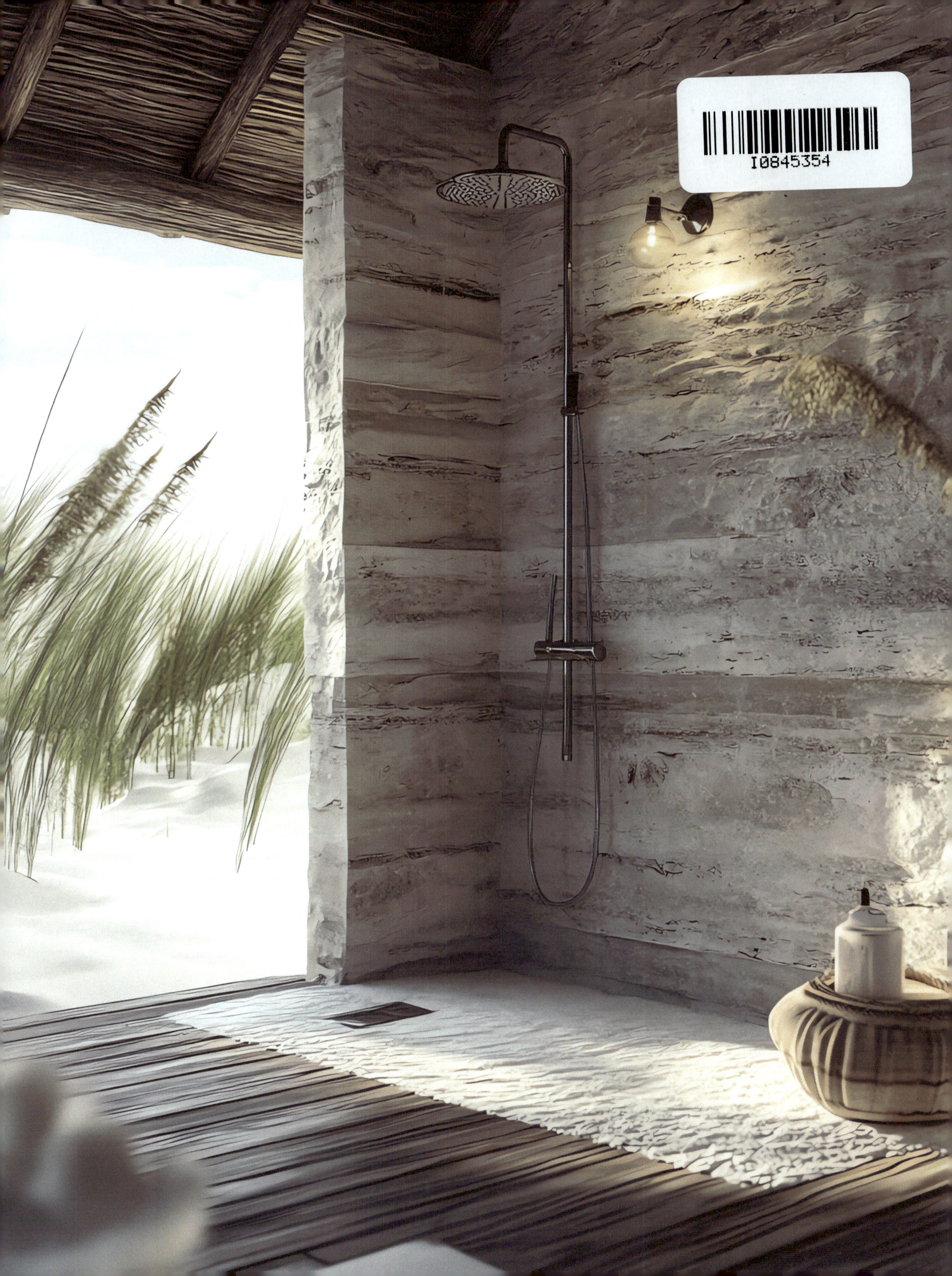
I0845354

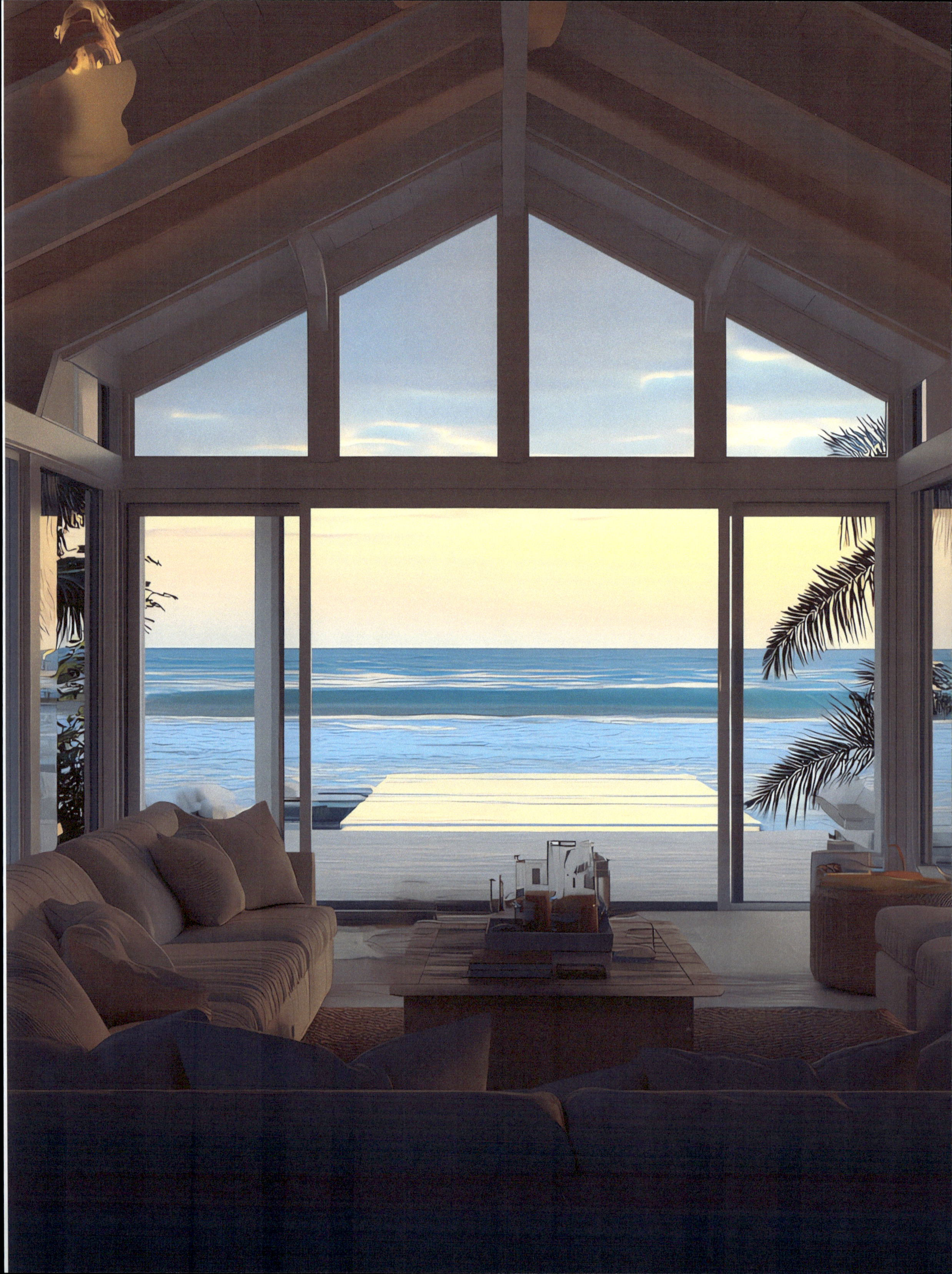

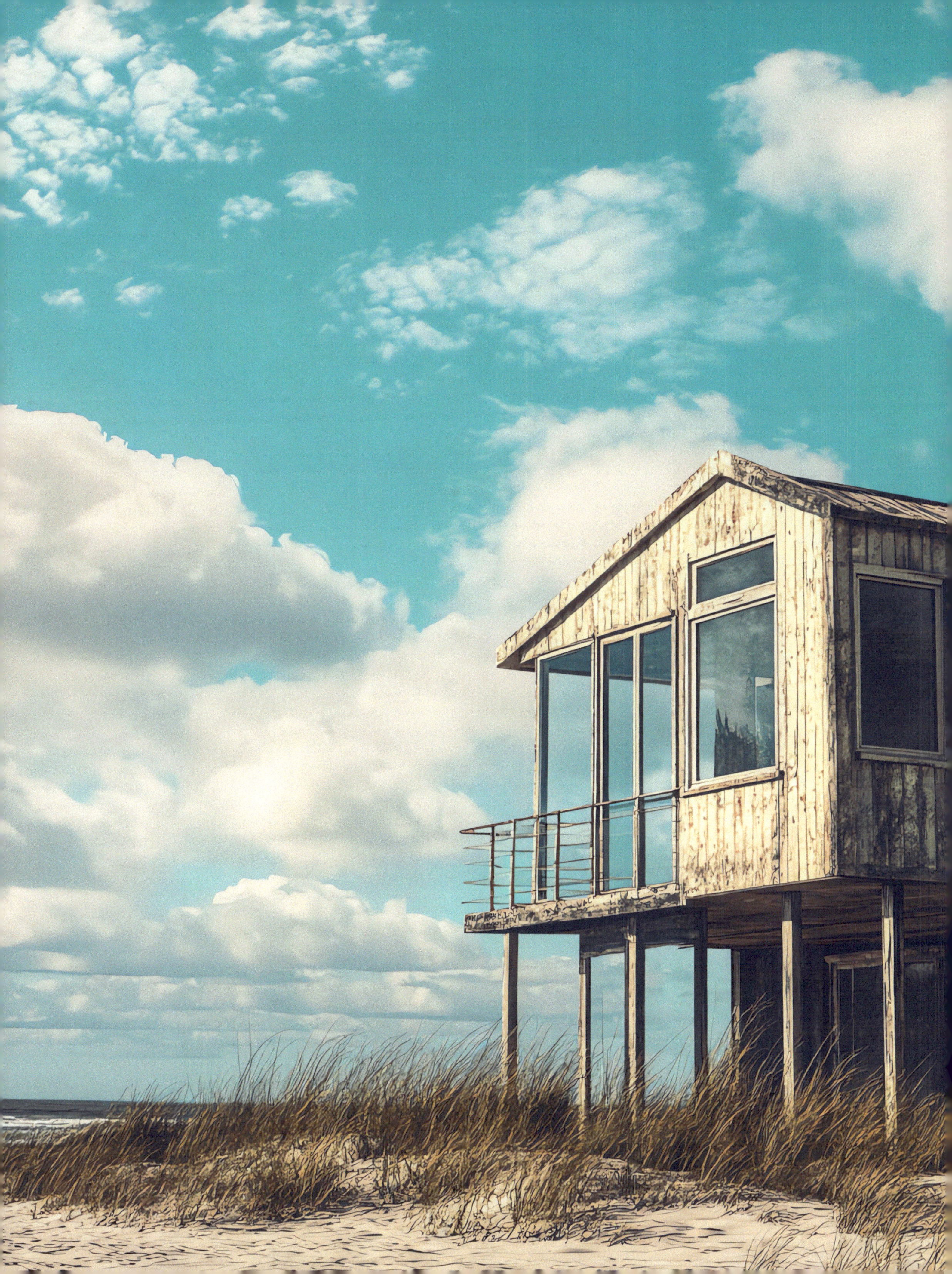

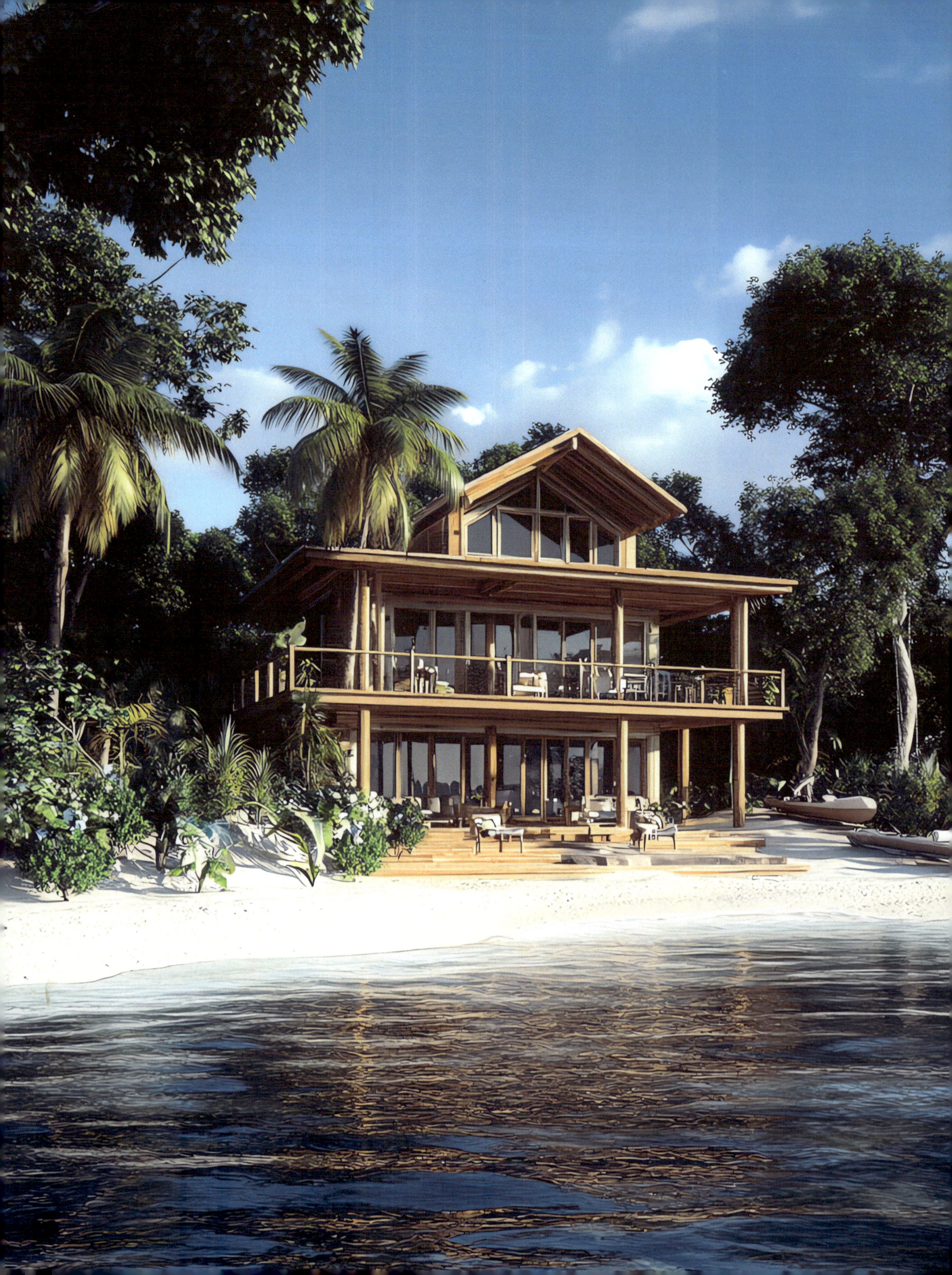

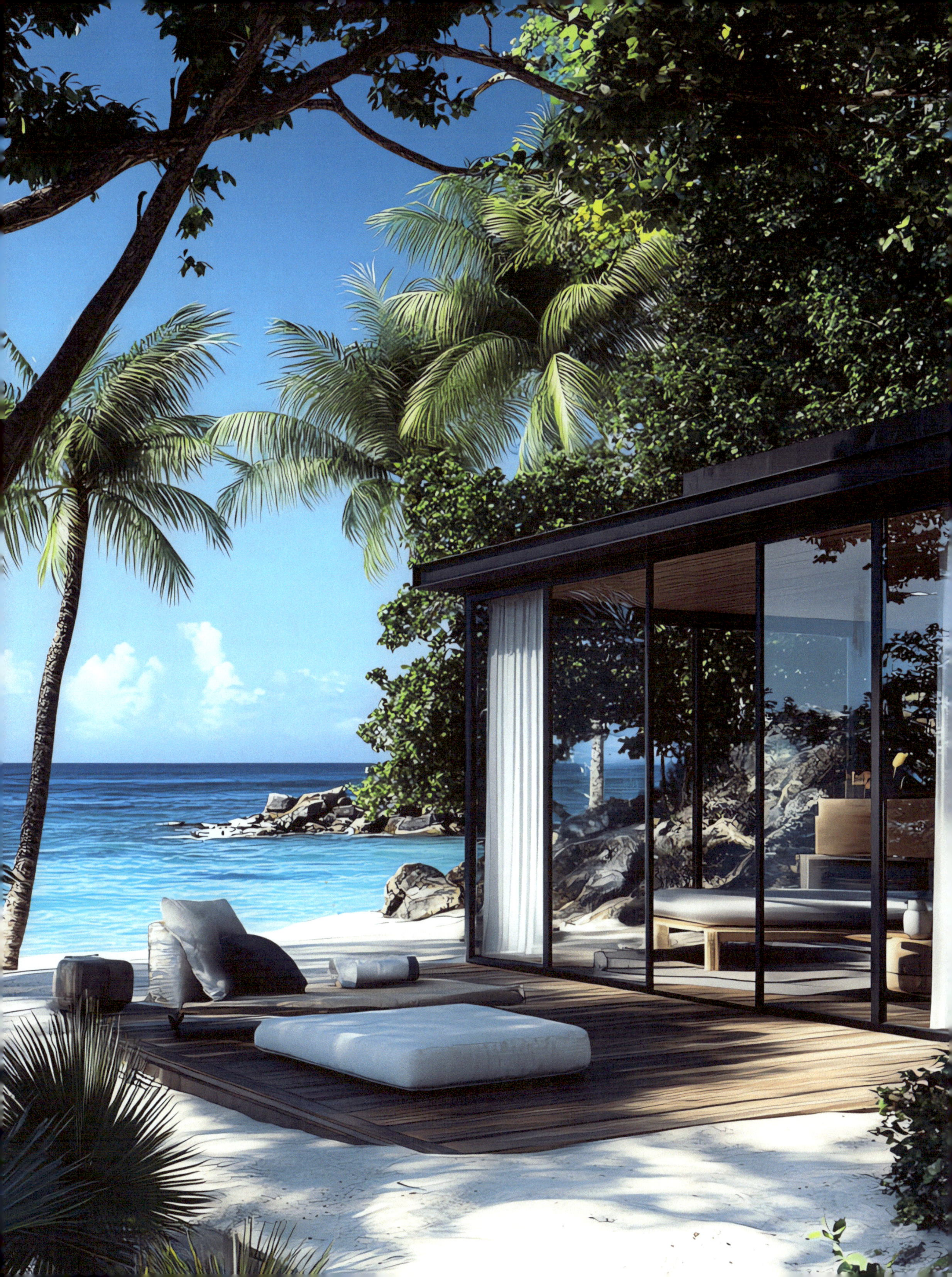

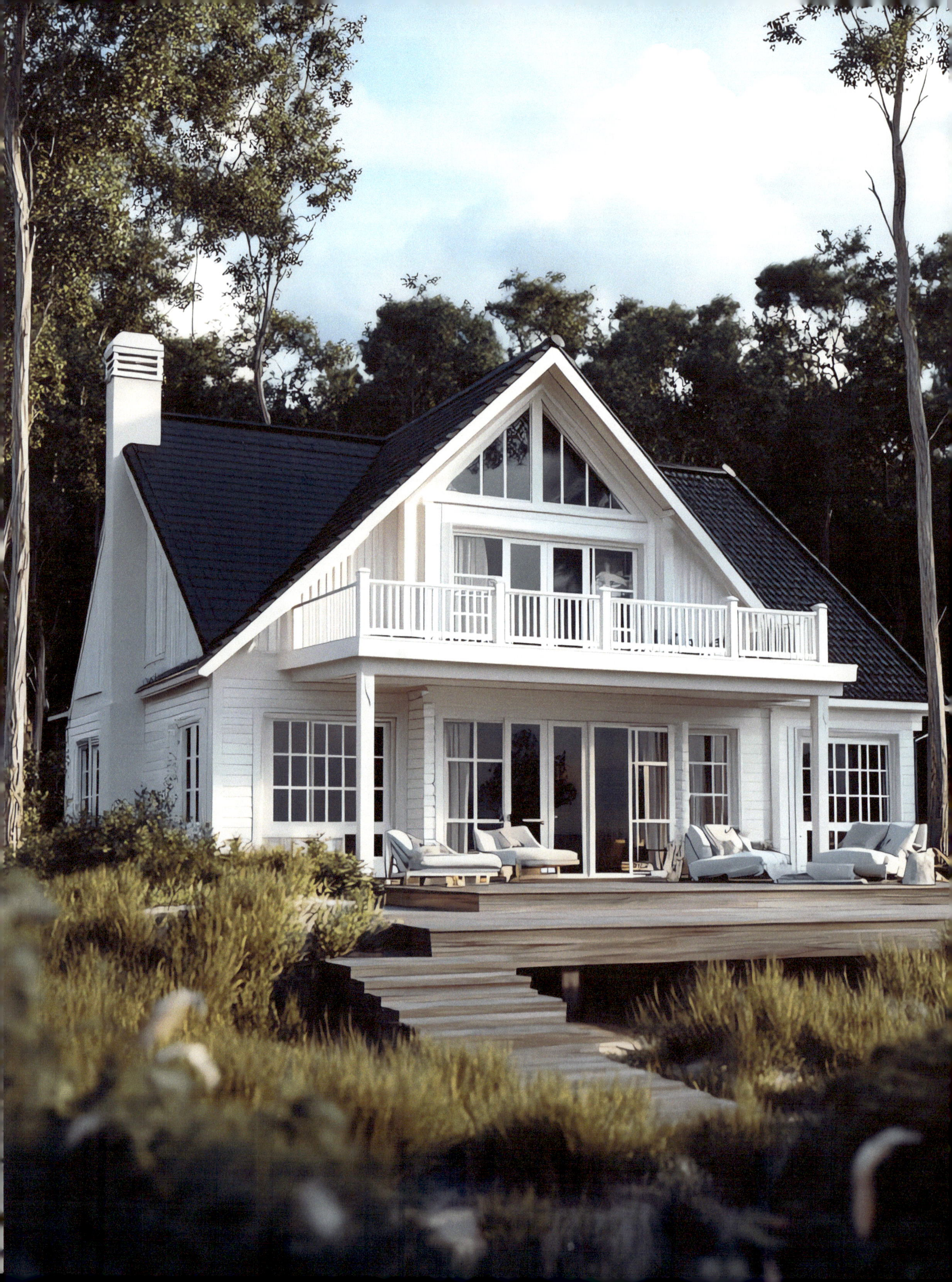

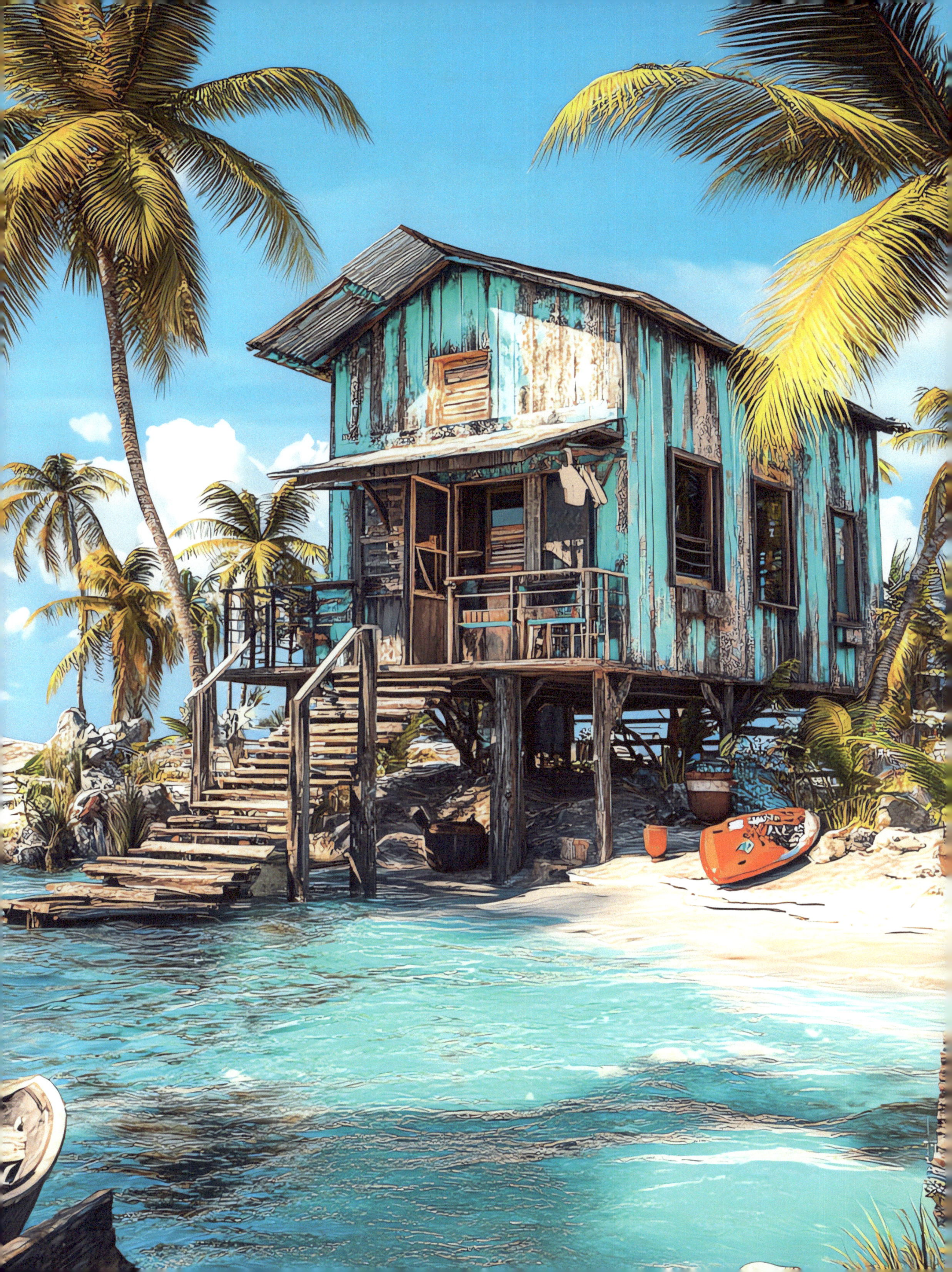

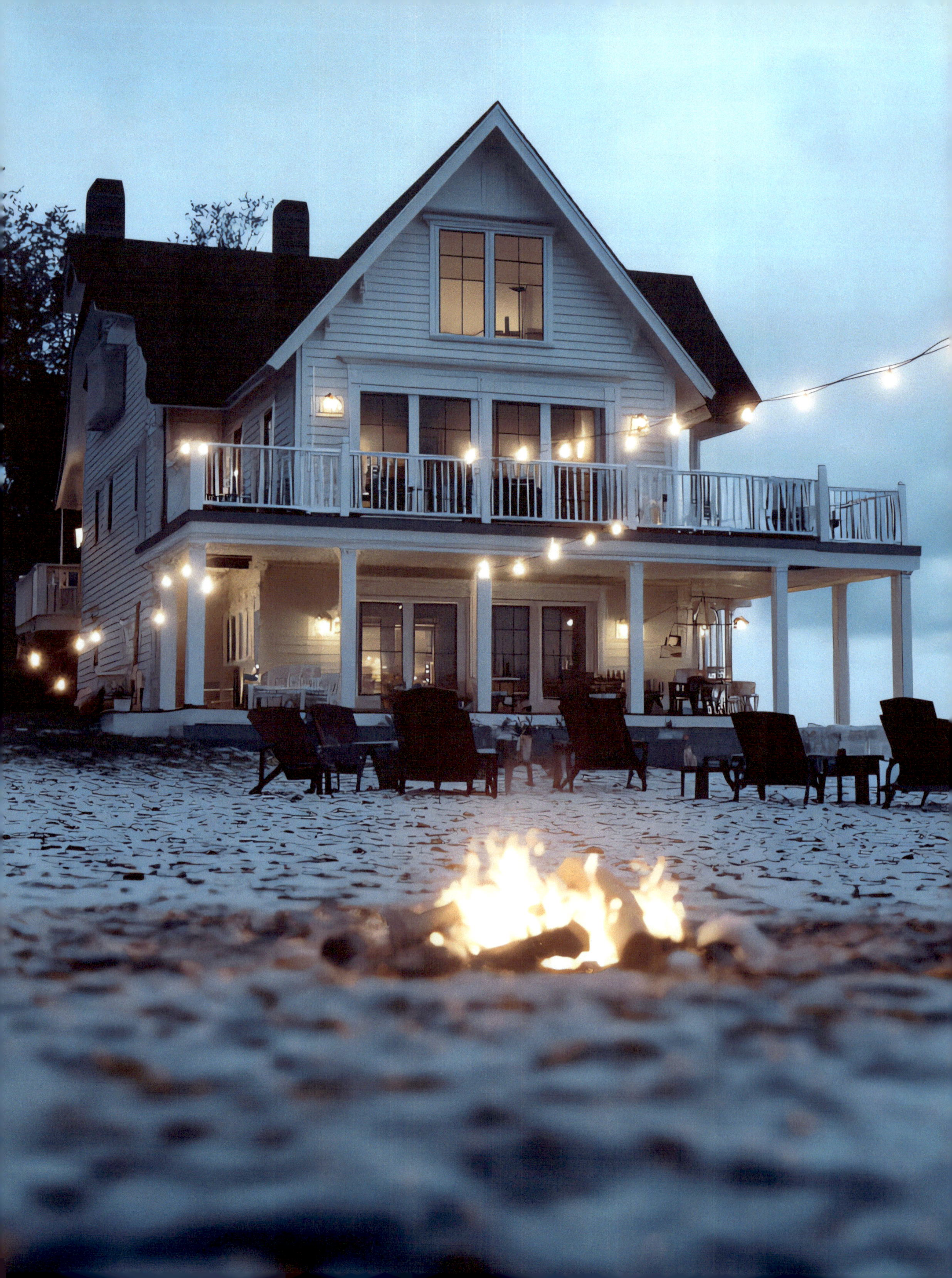

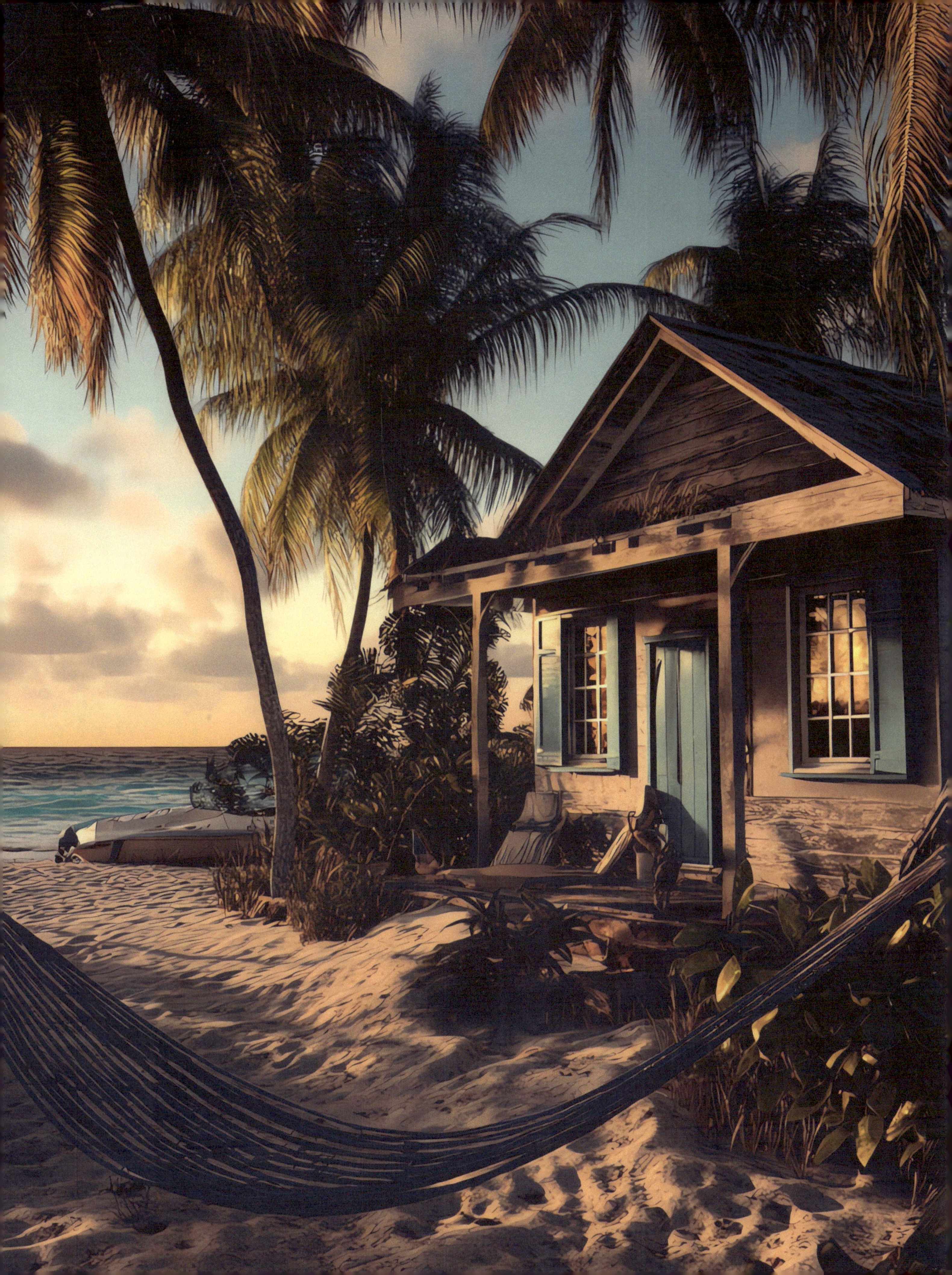

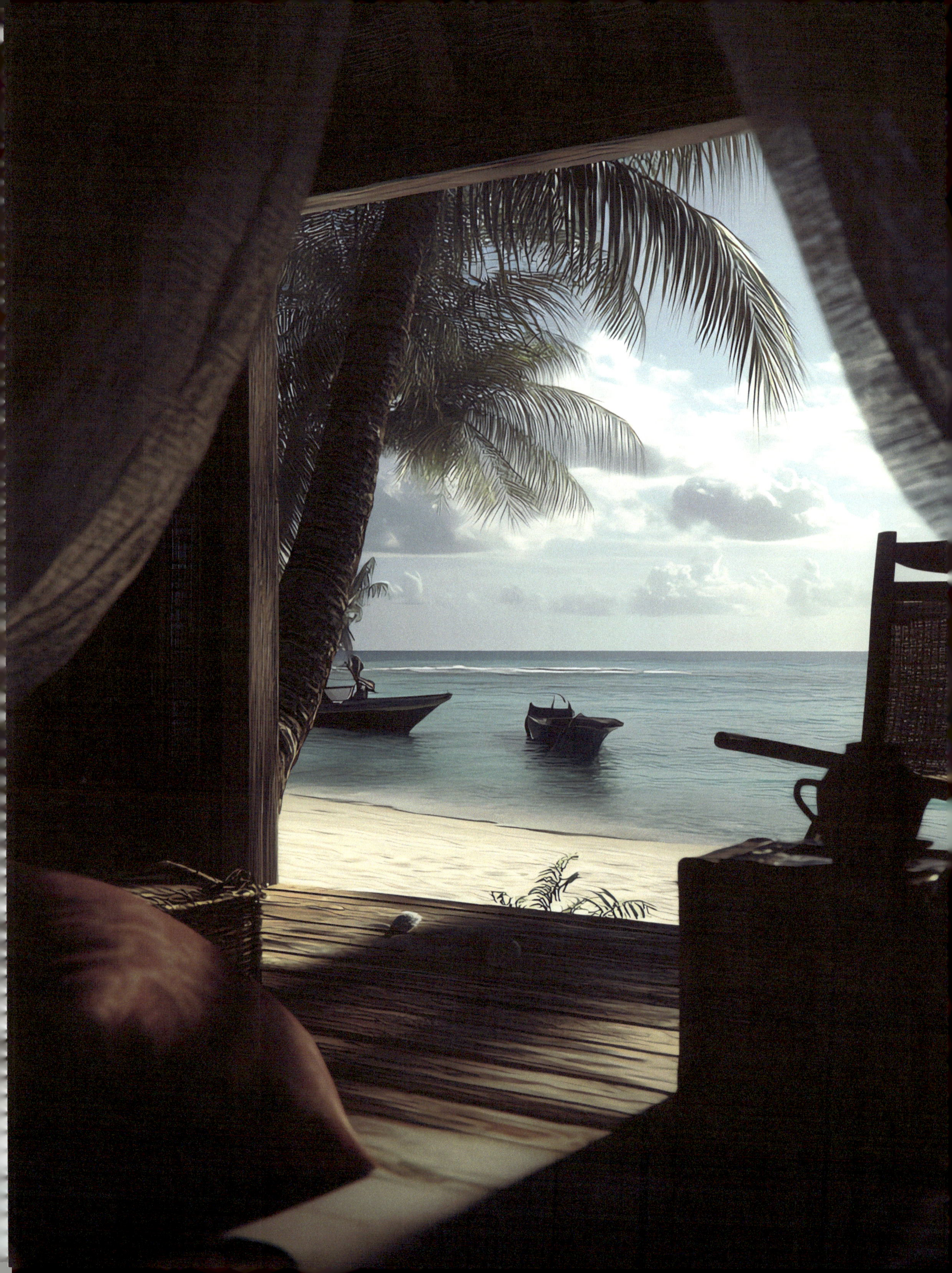

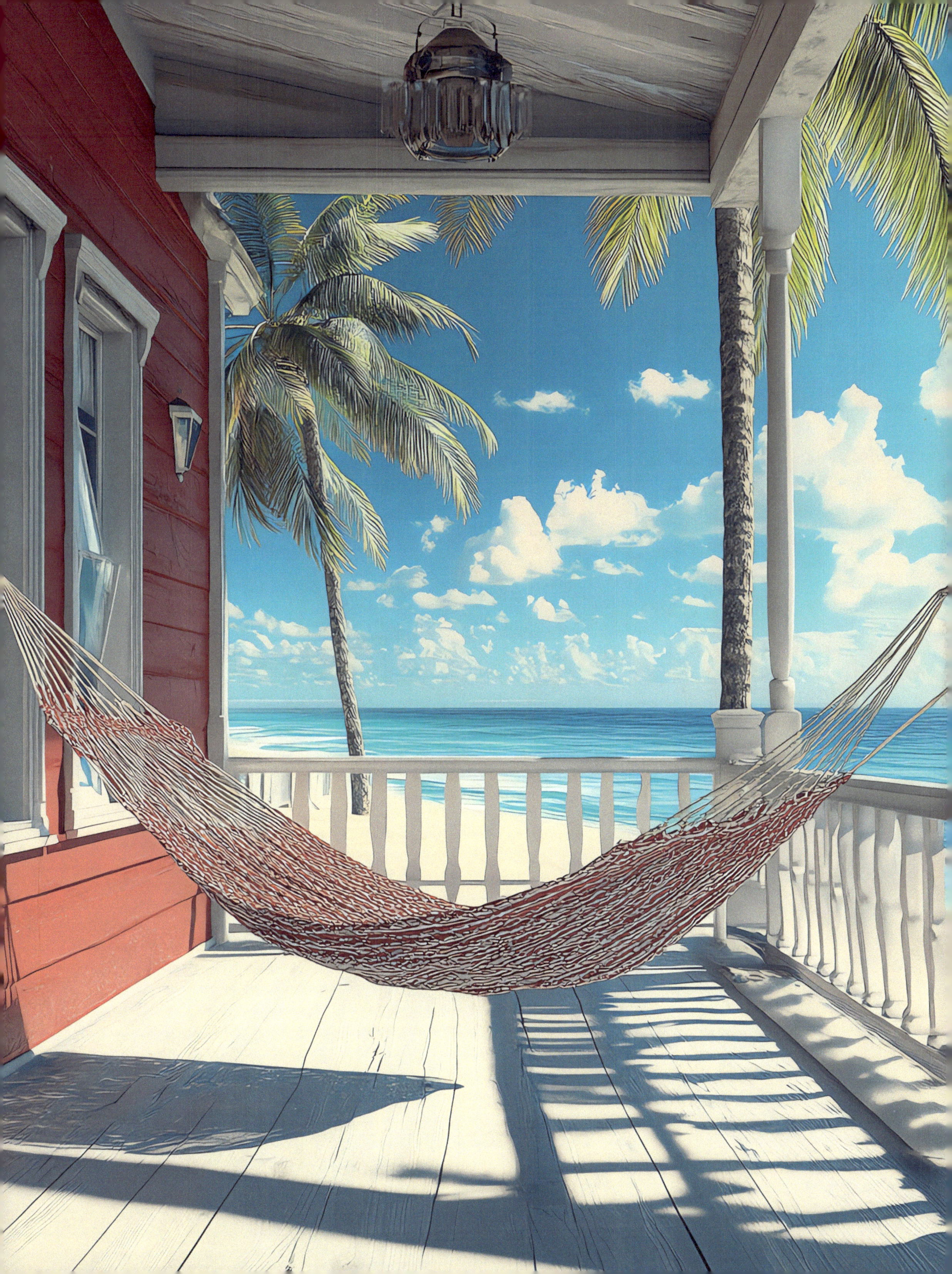

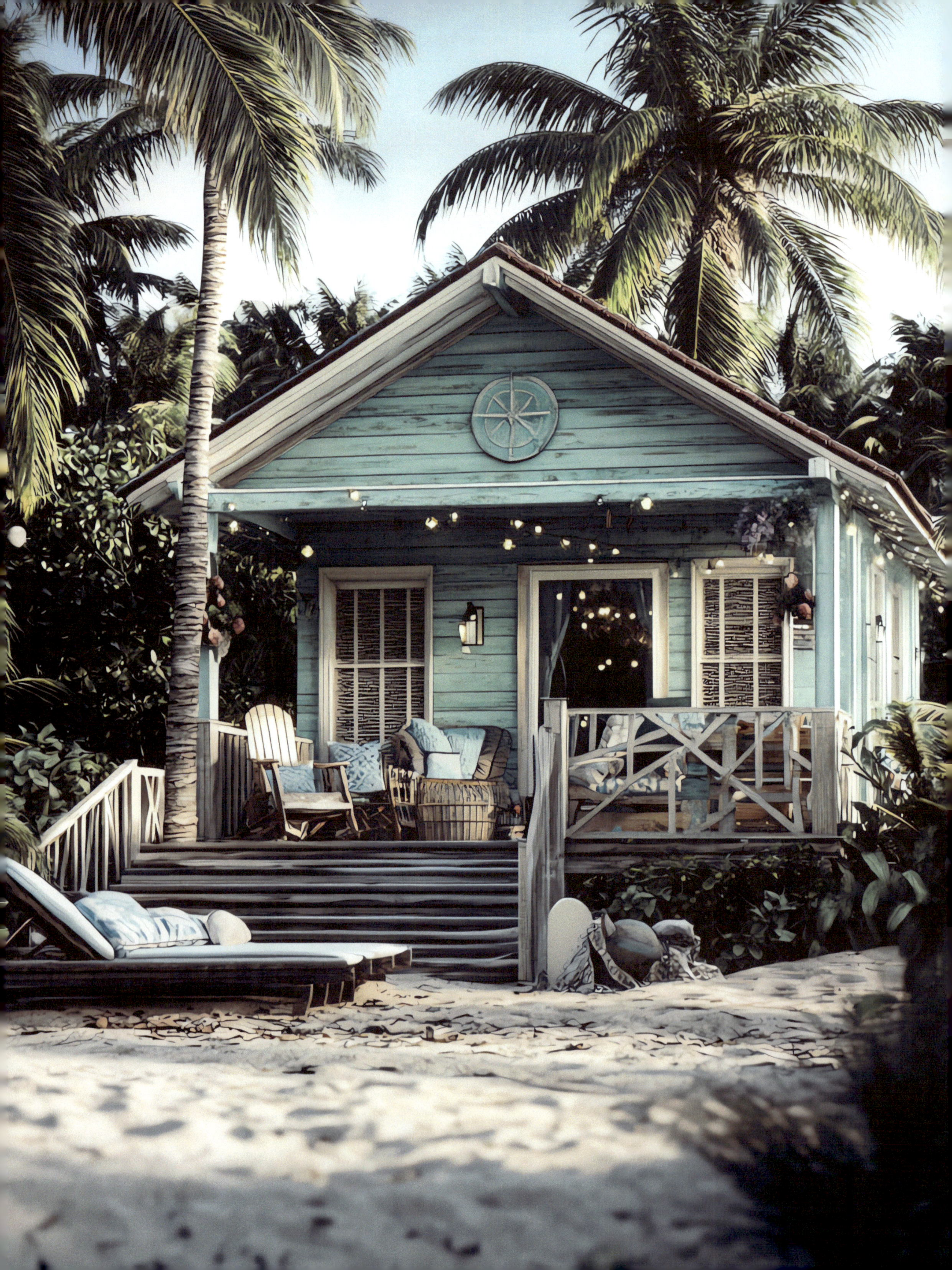

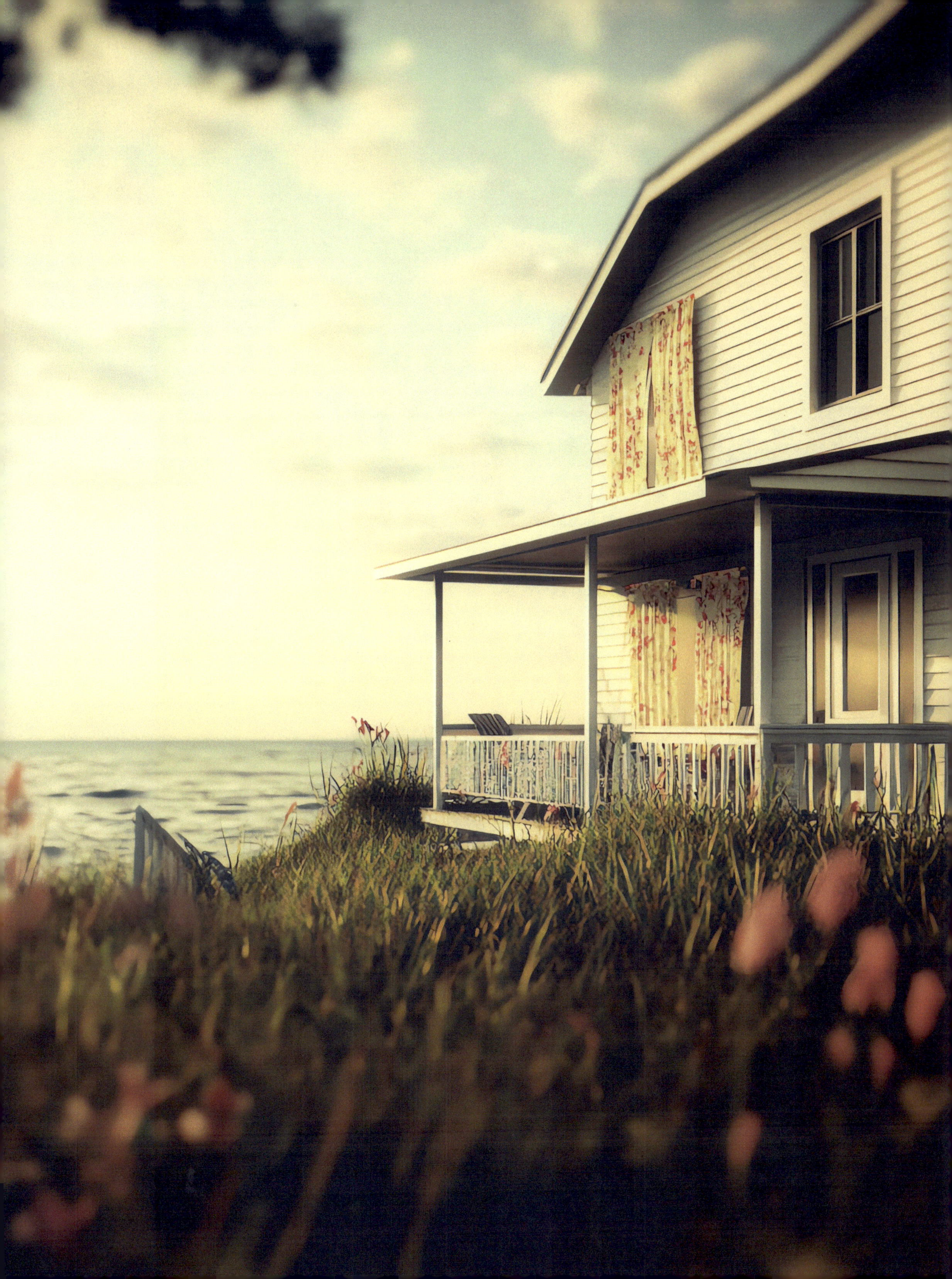

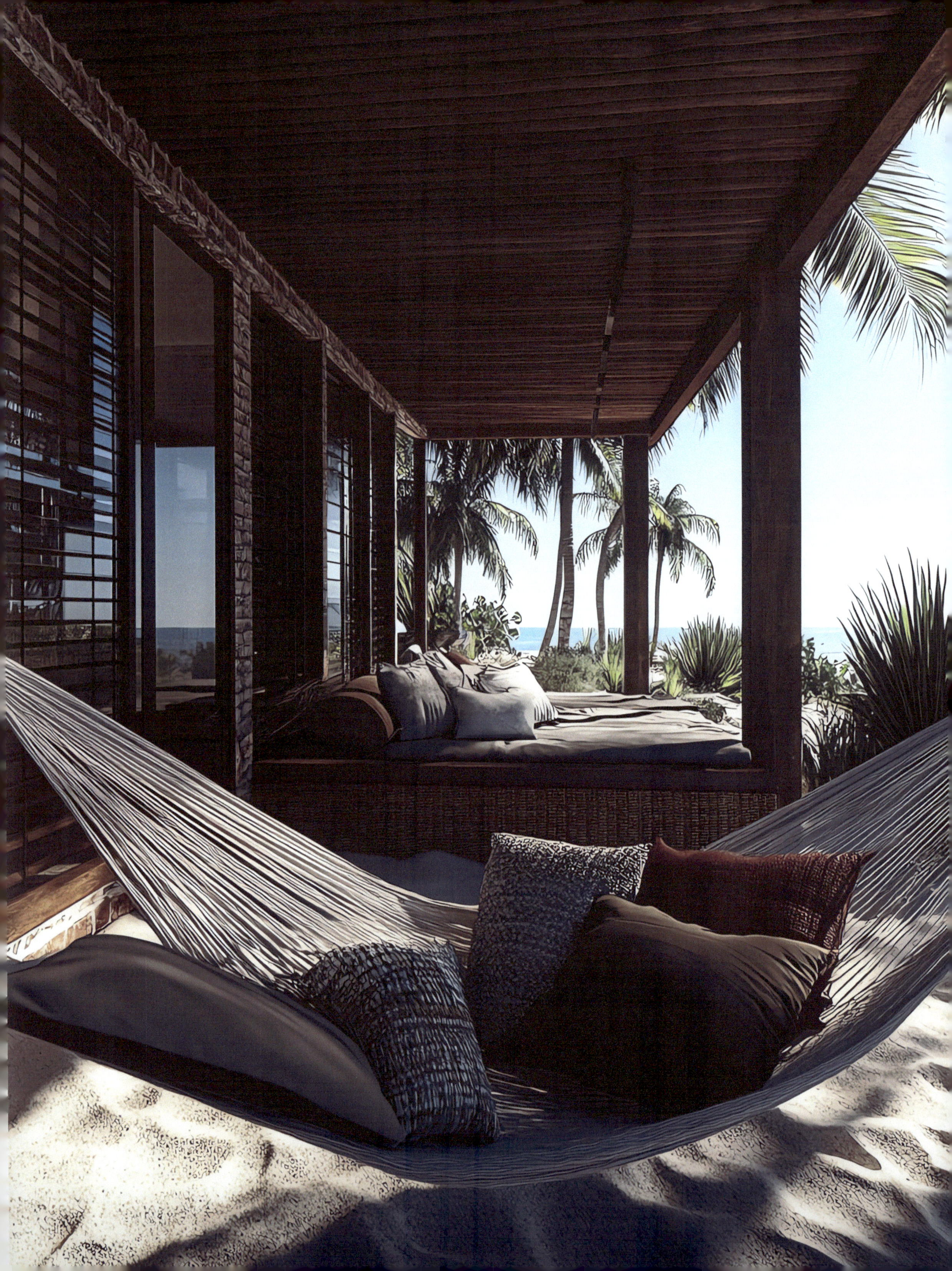

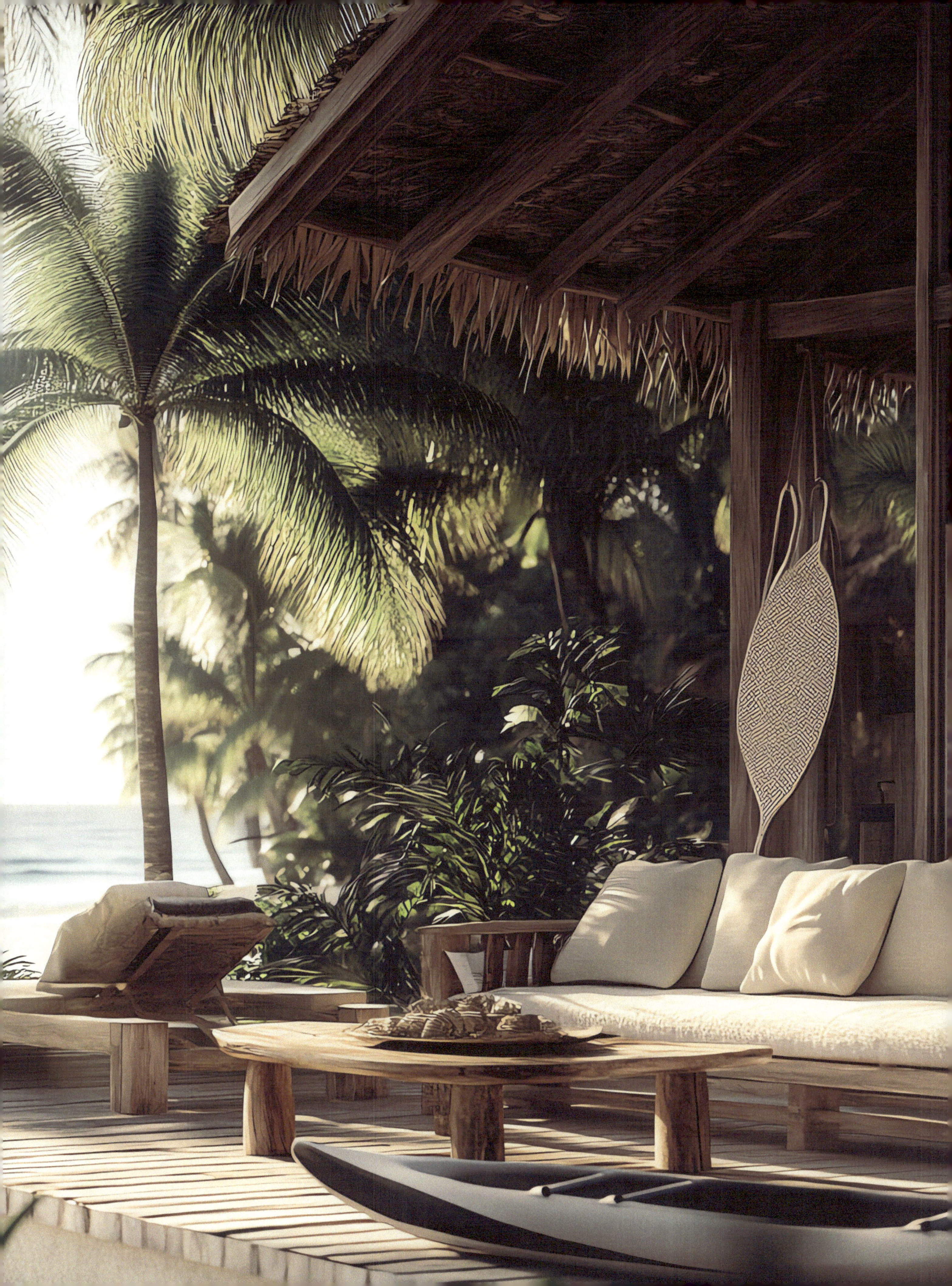

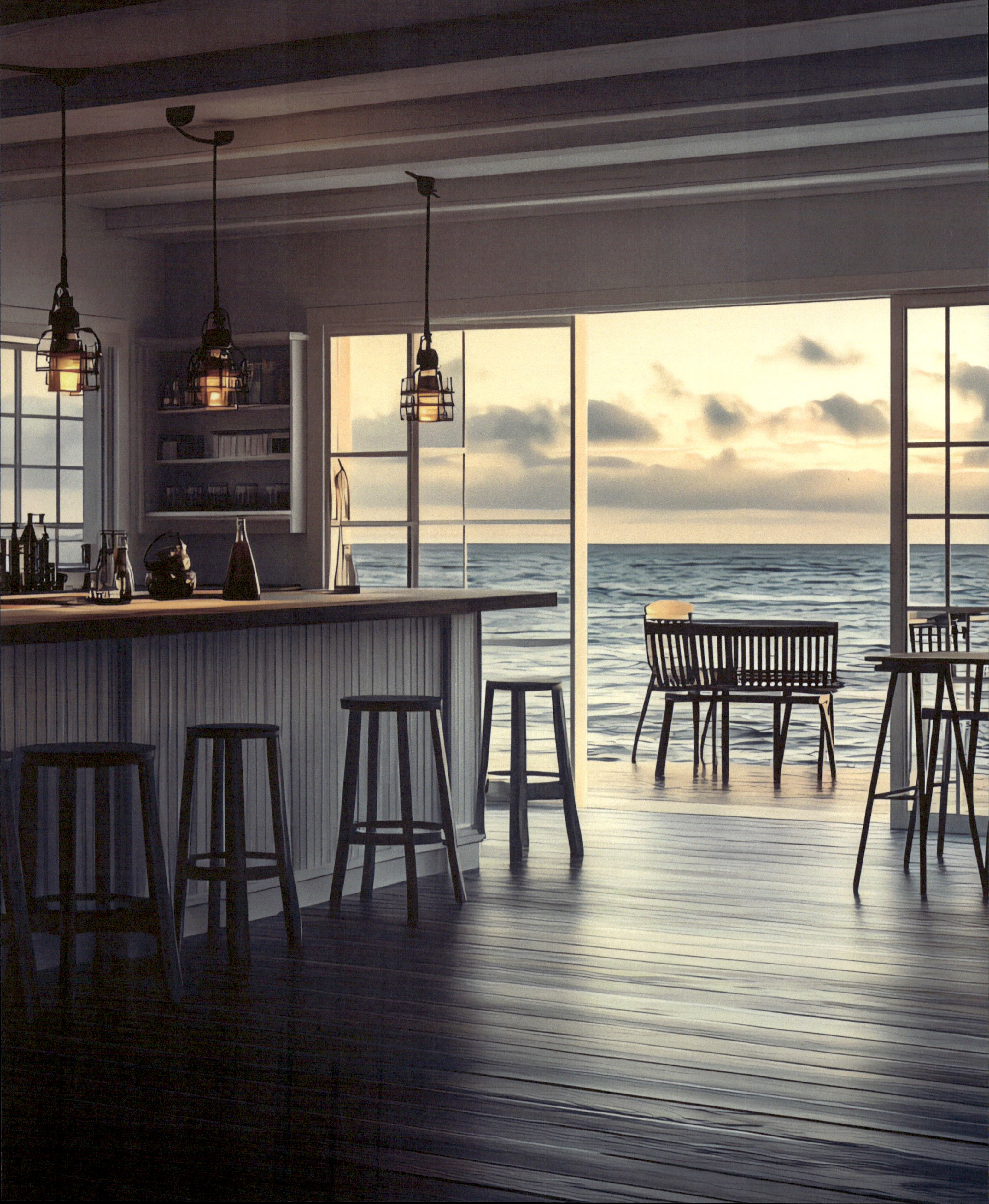

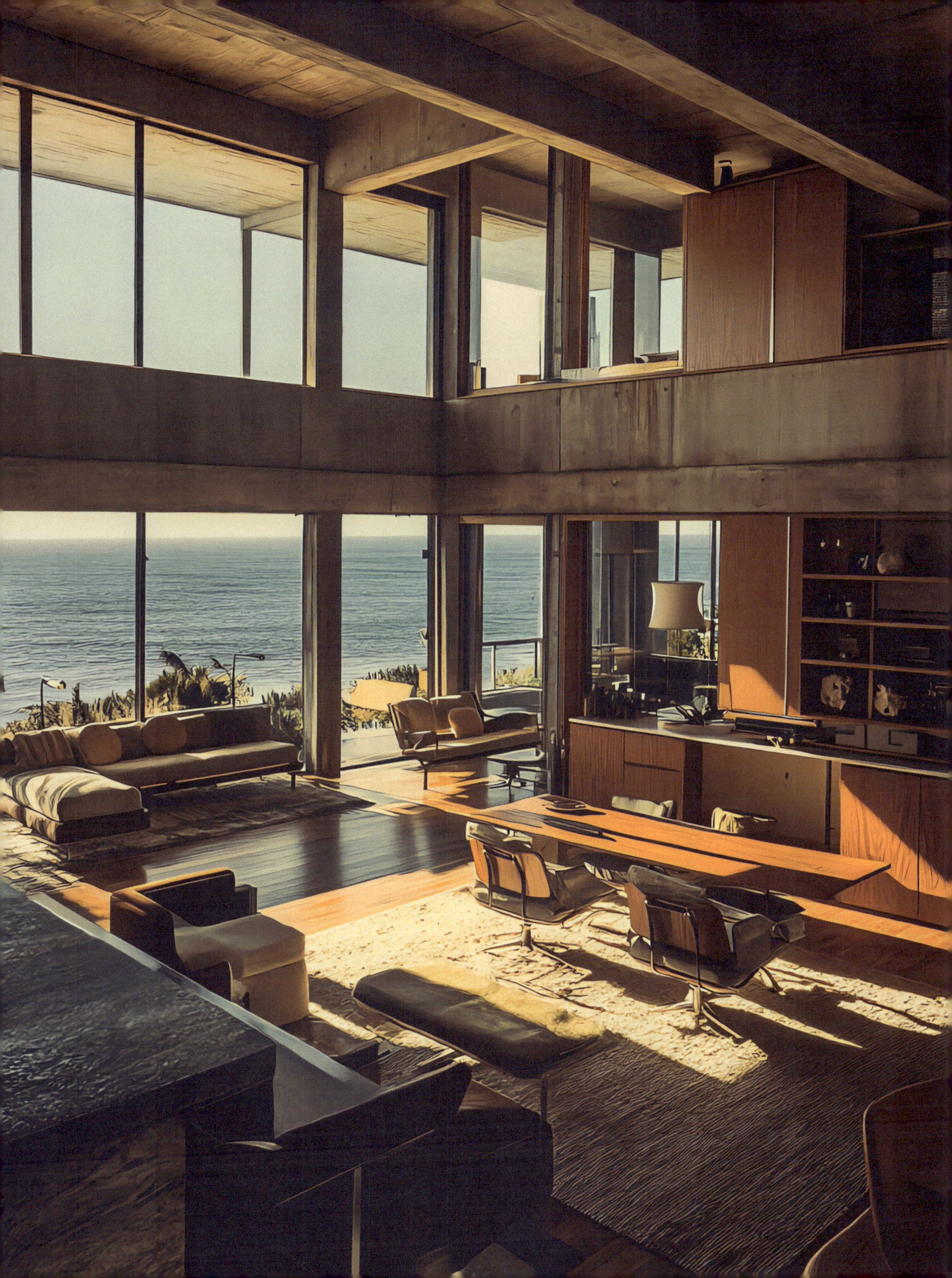

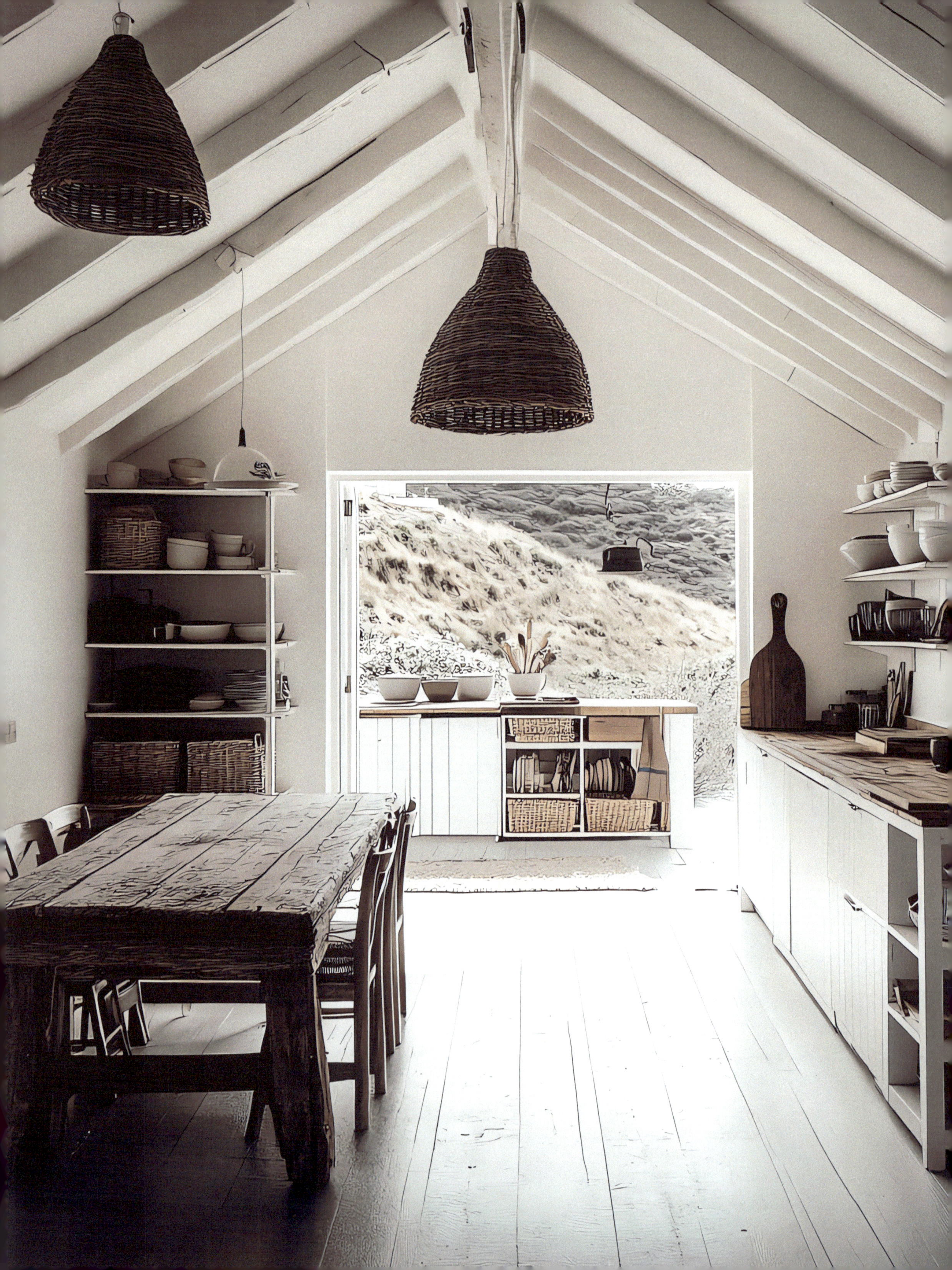

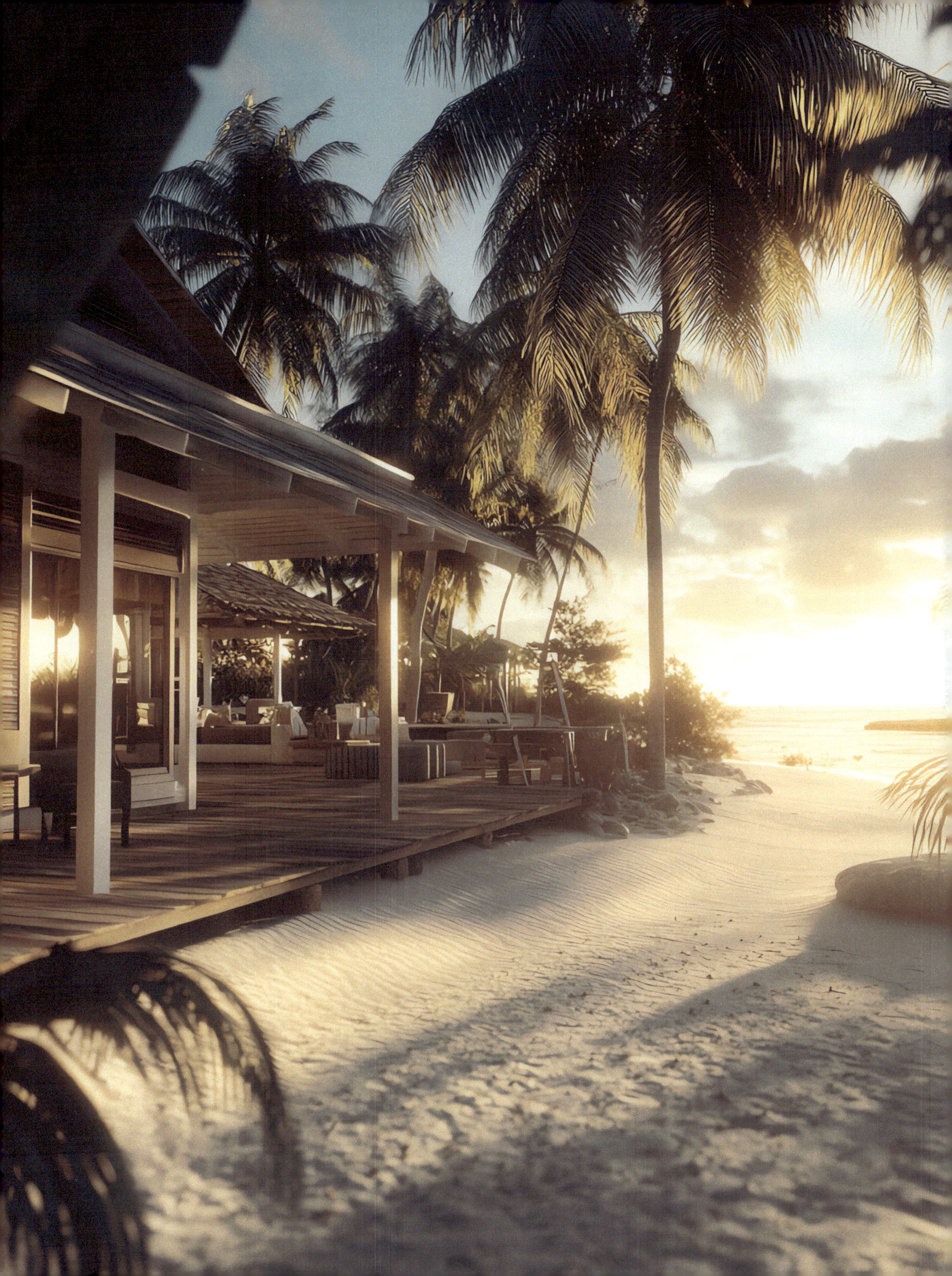

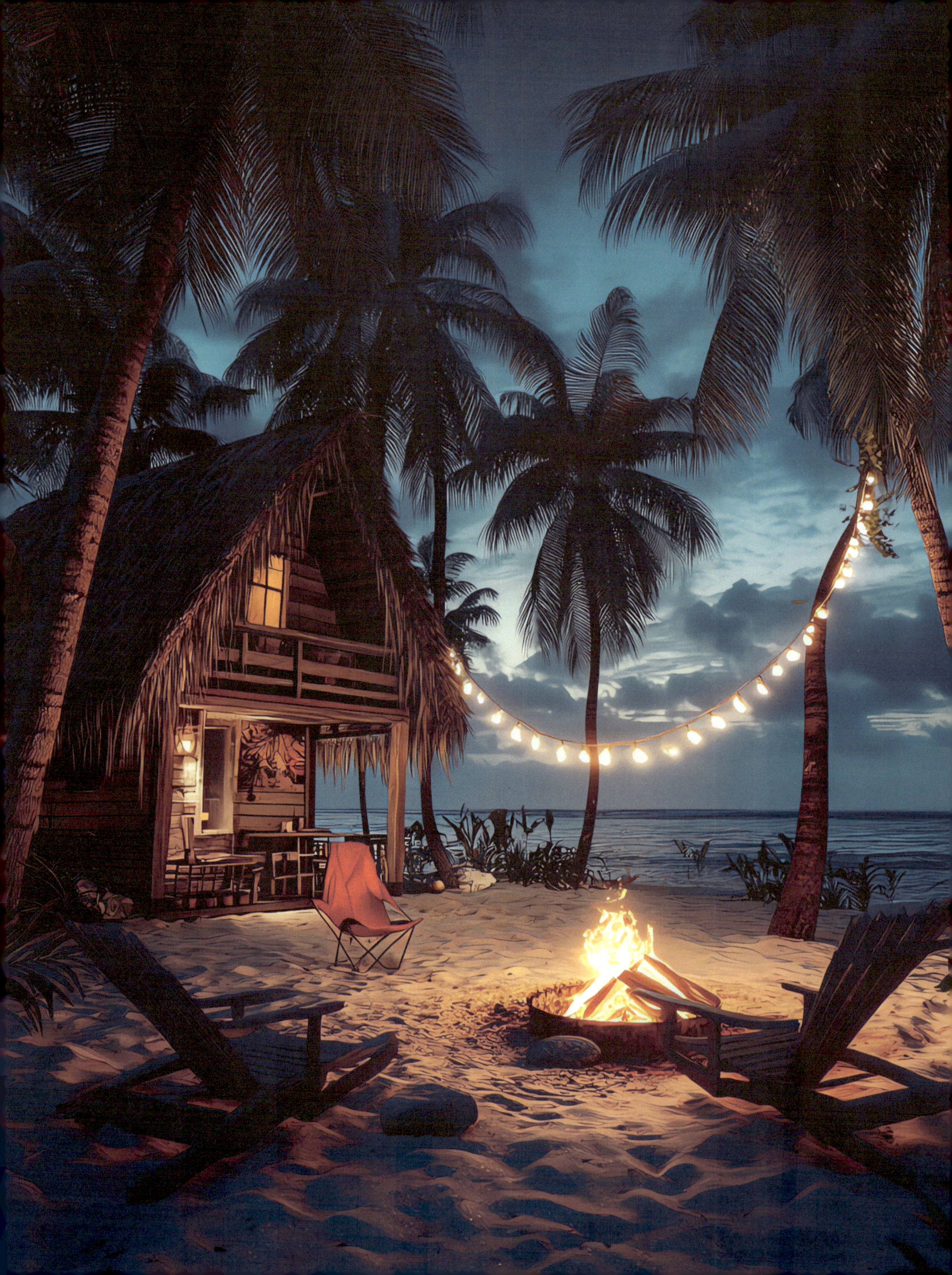

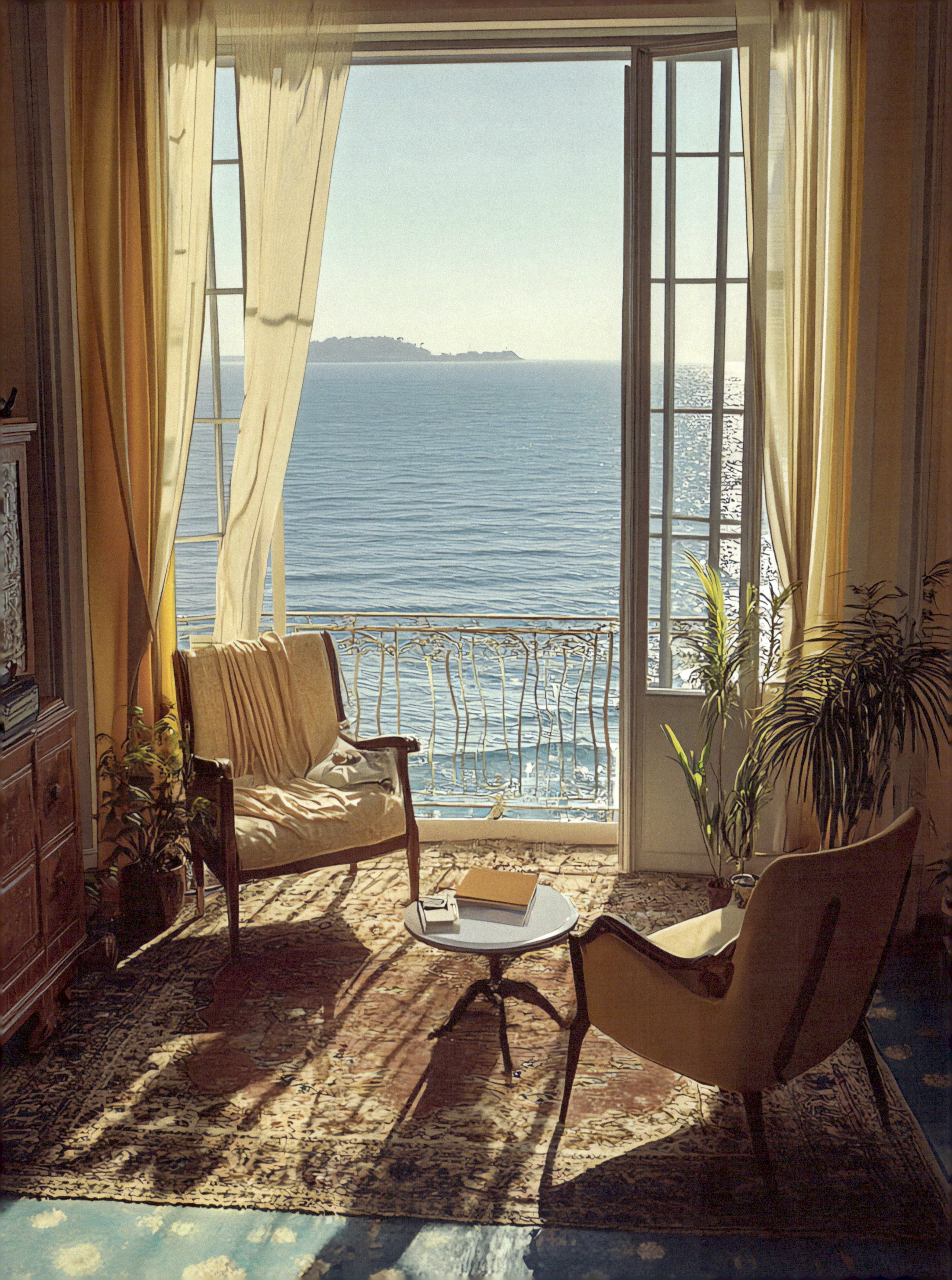

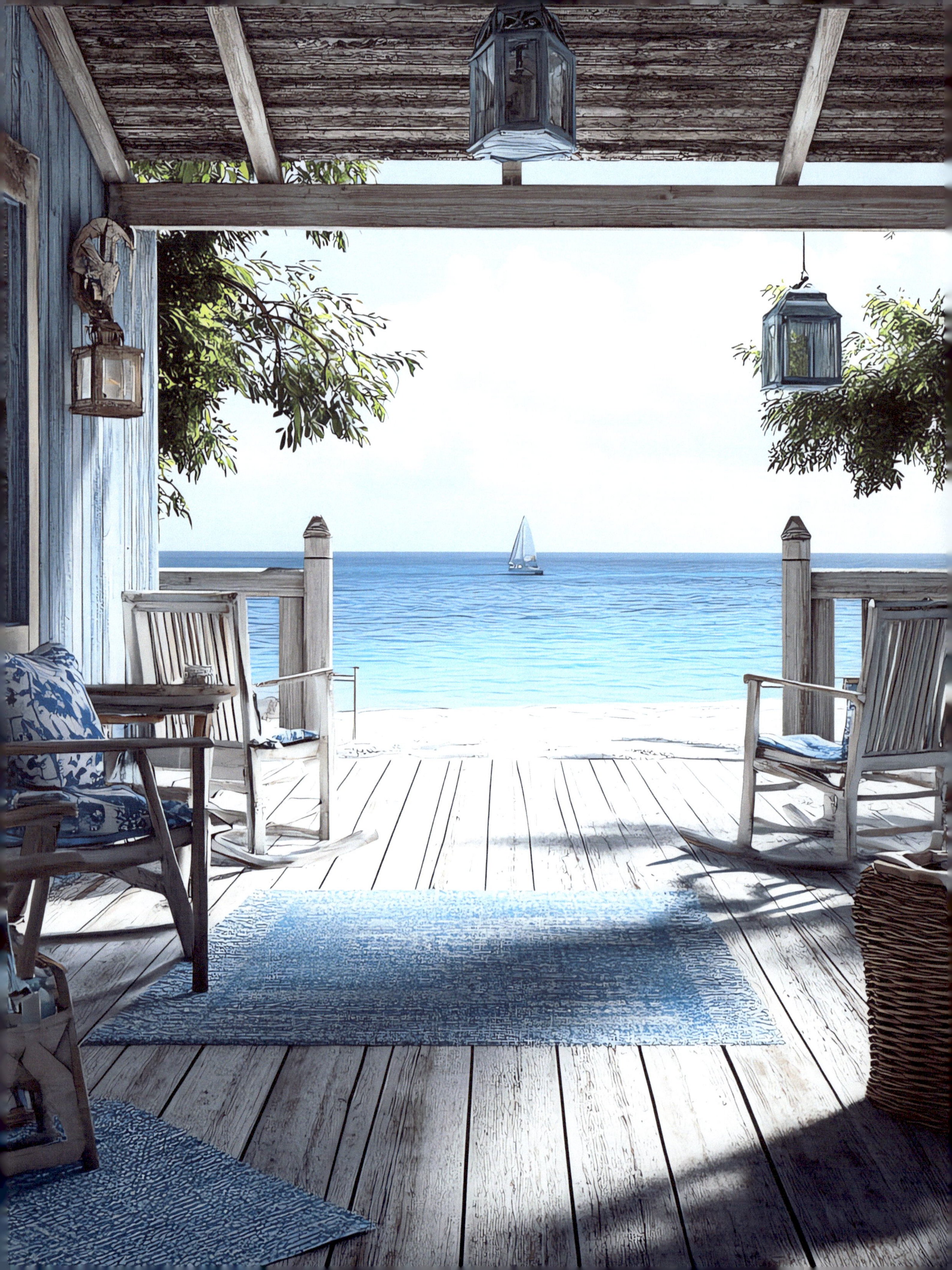

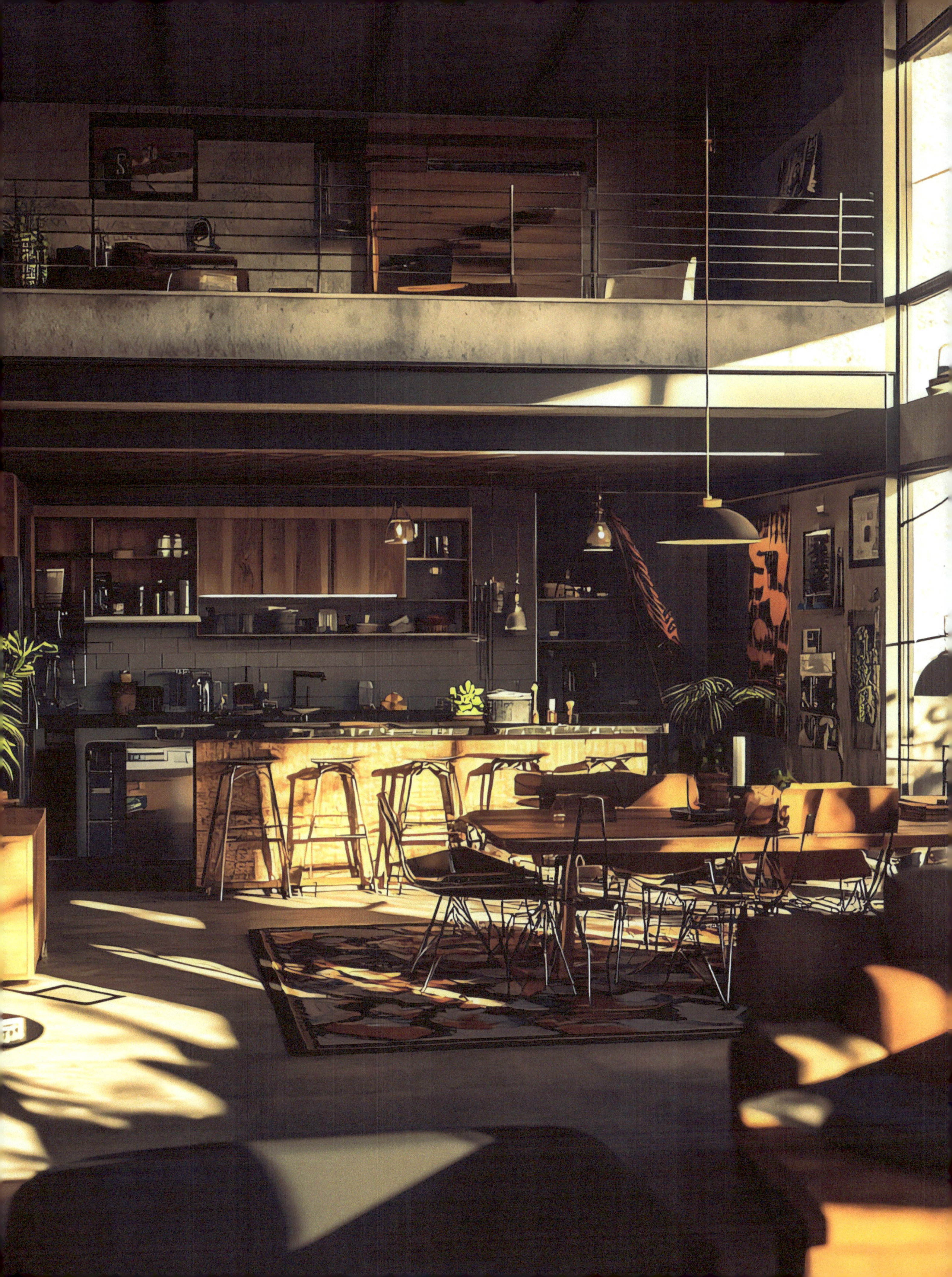

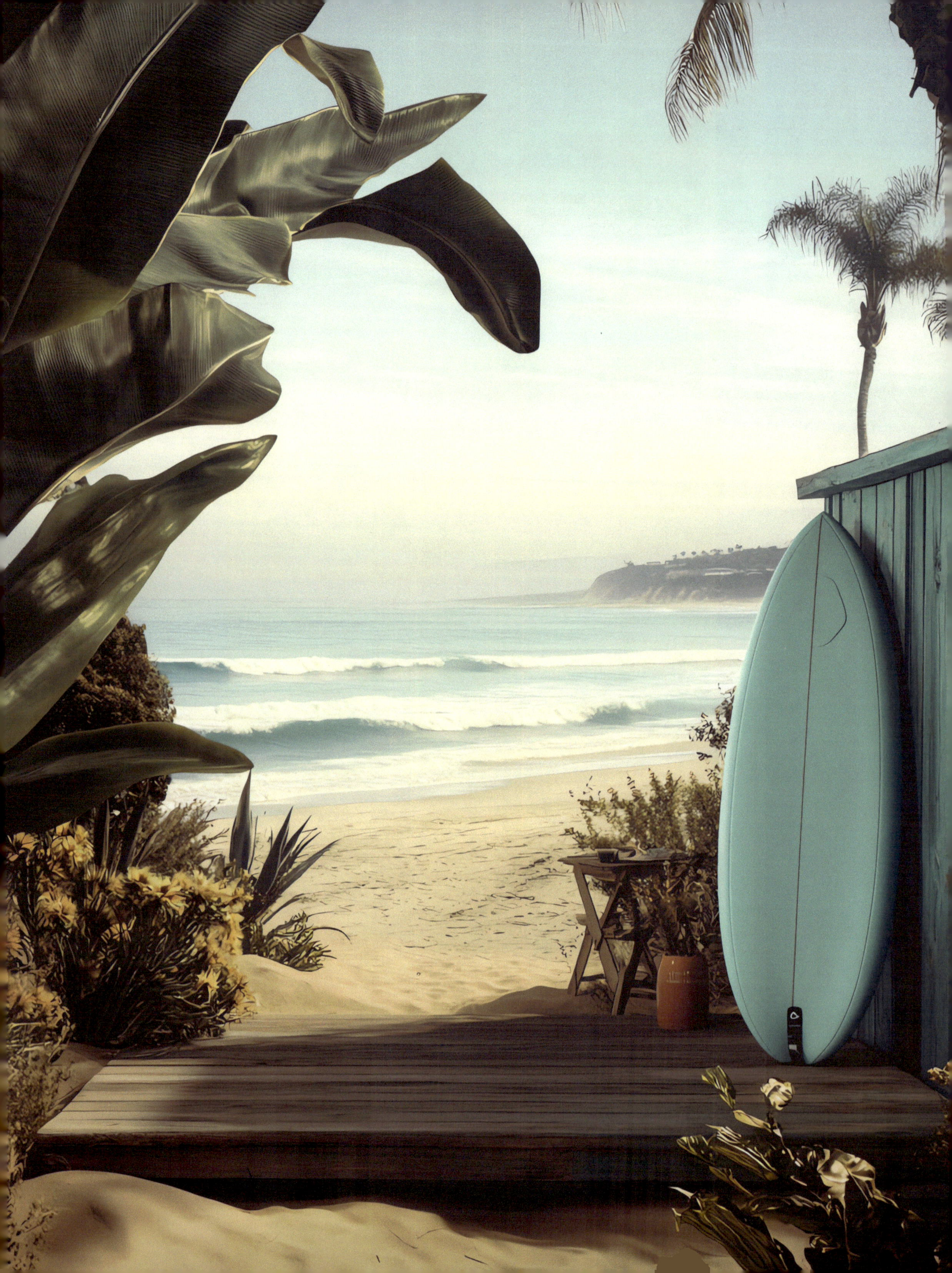

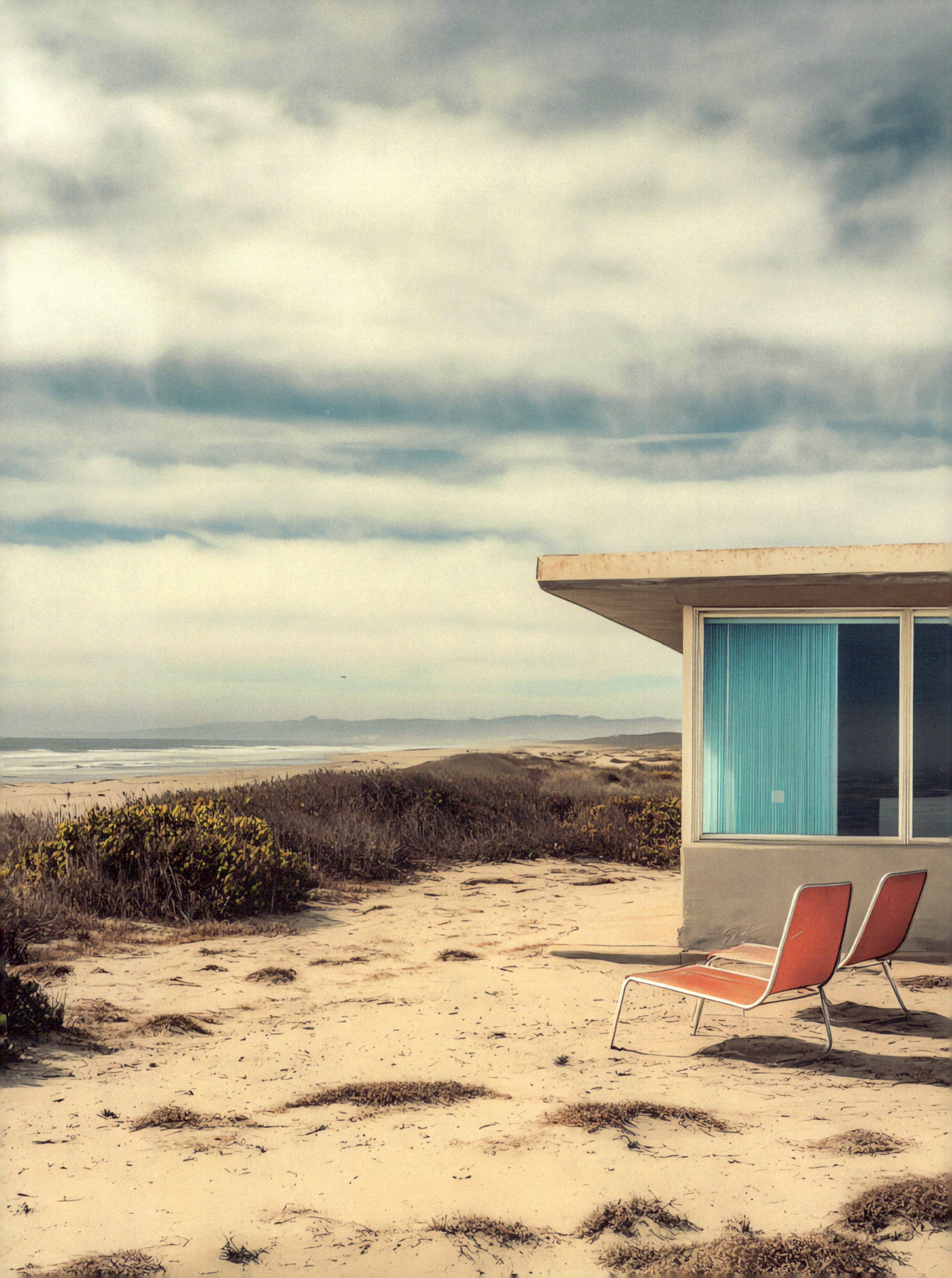

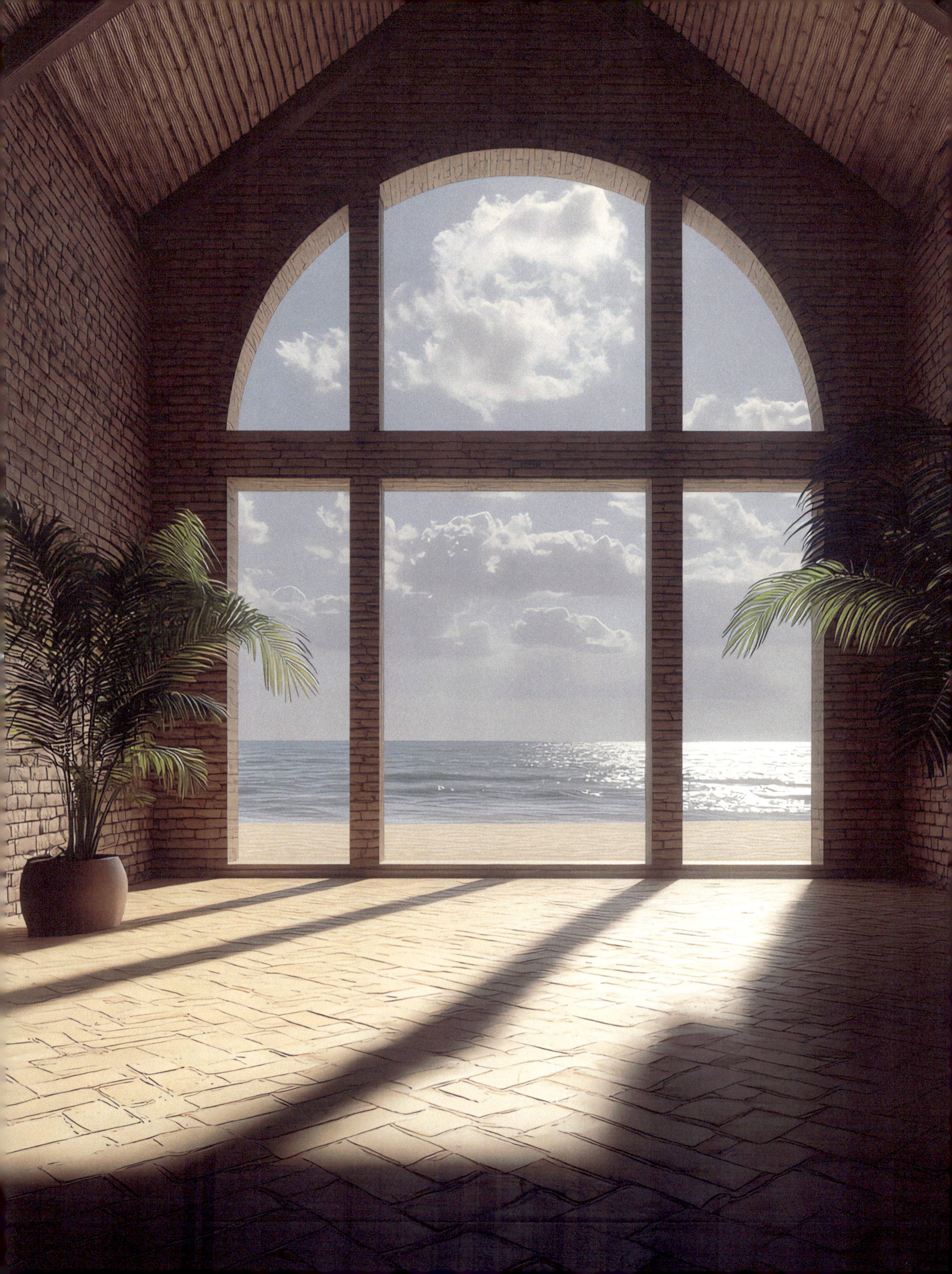

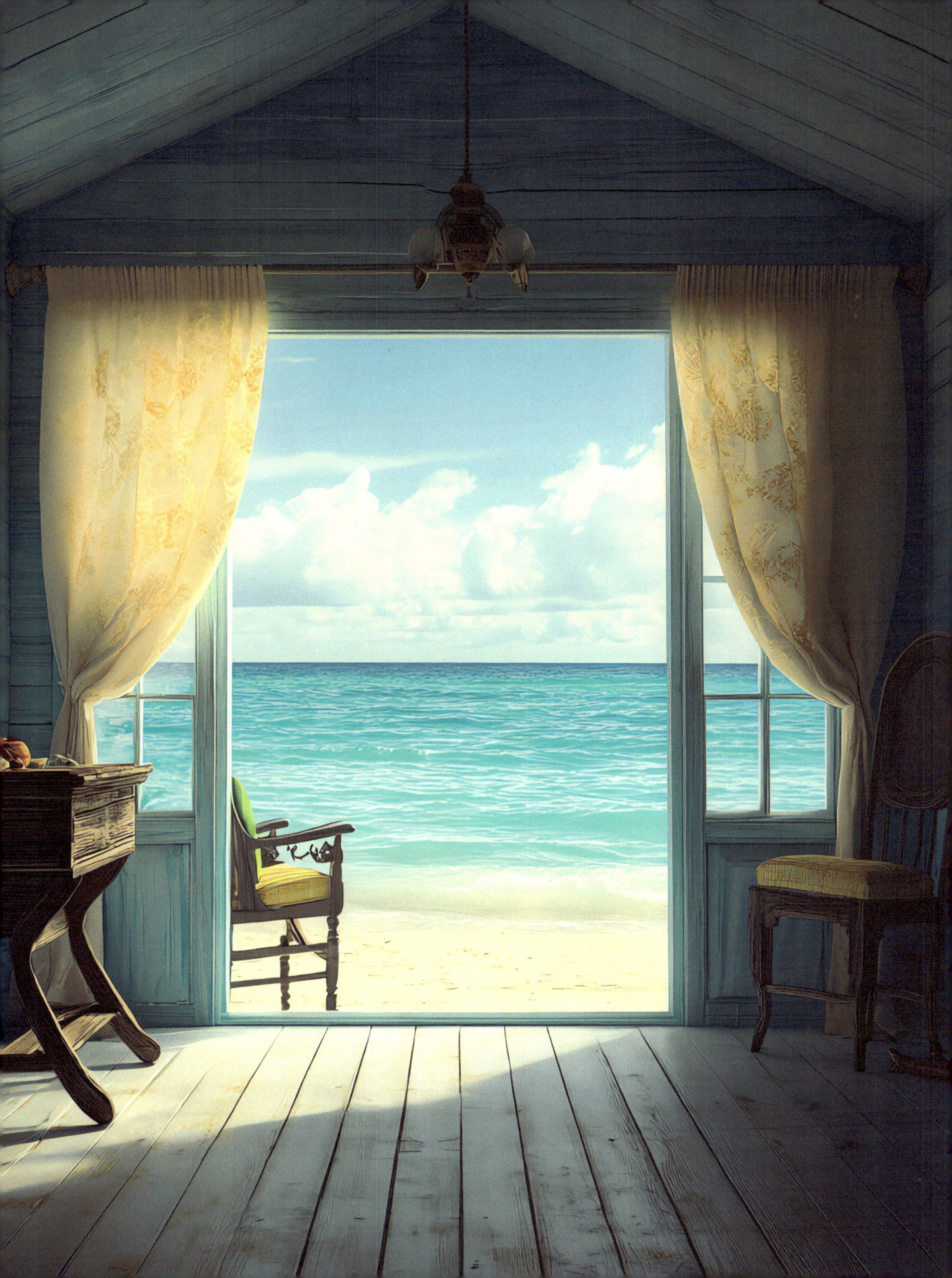

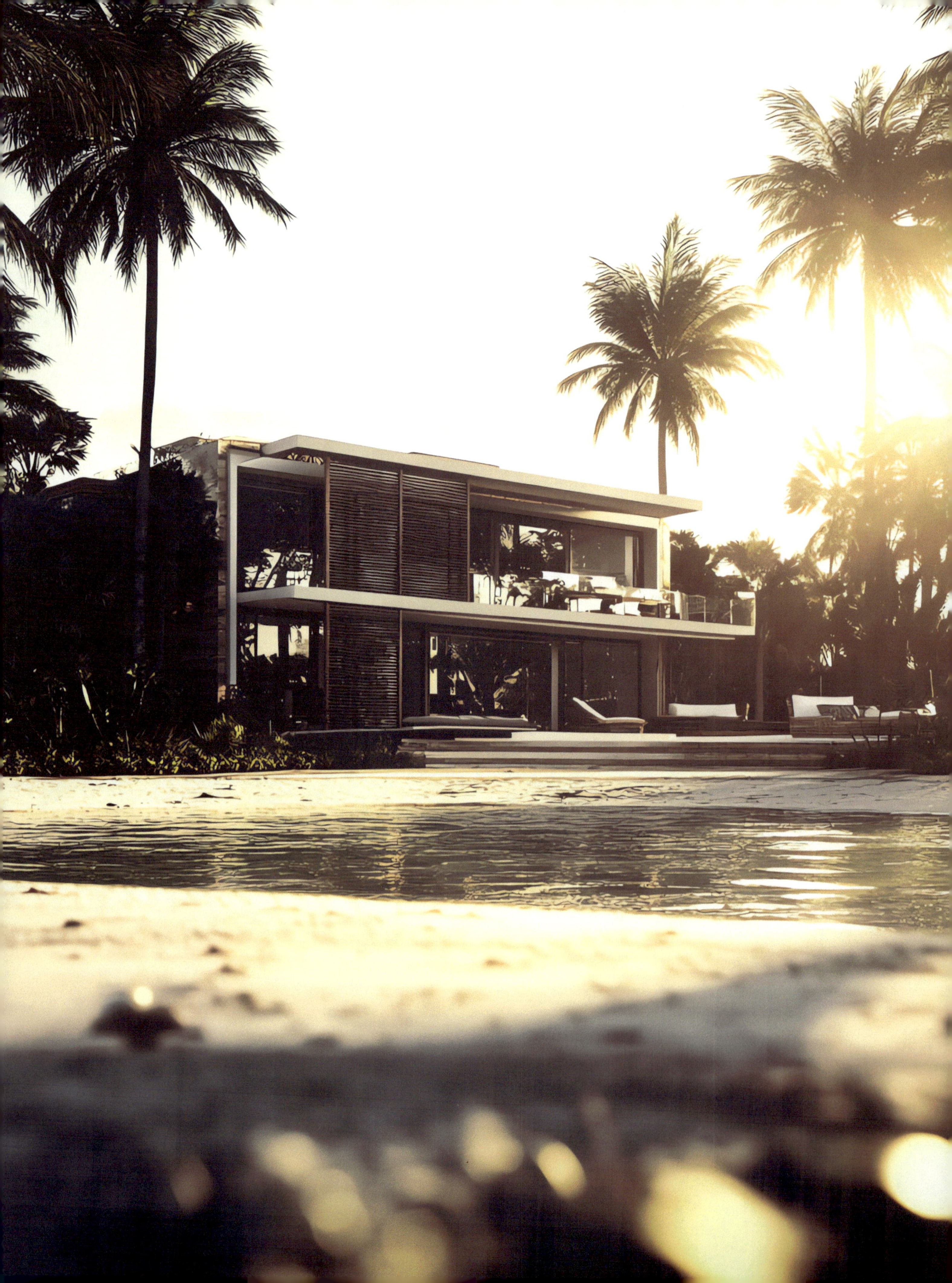

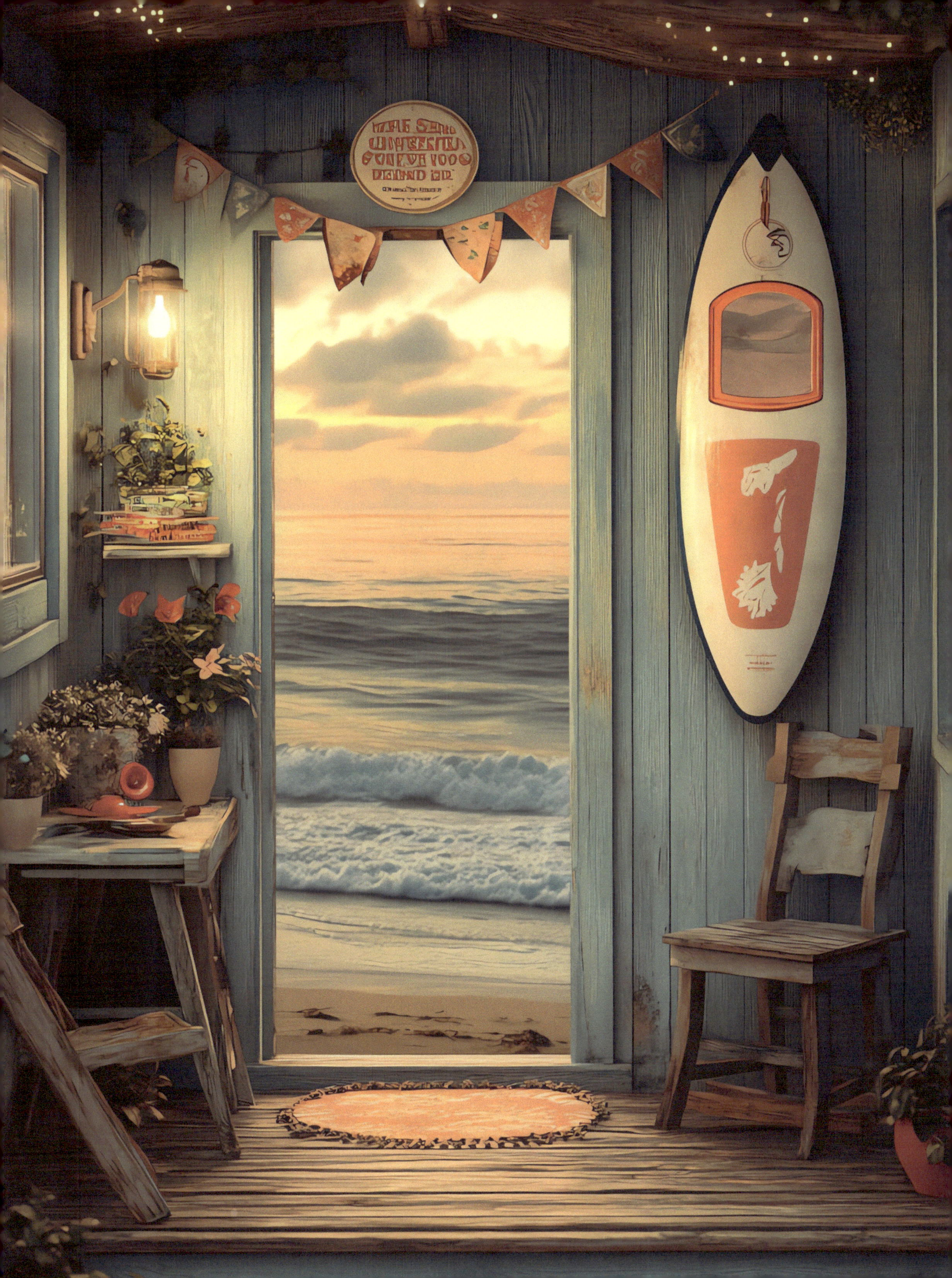

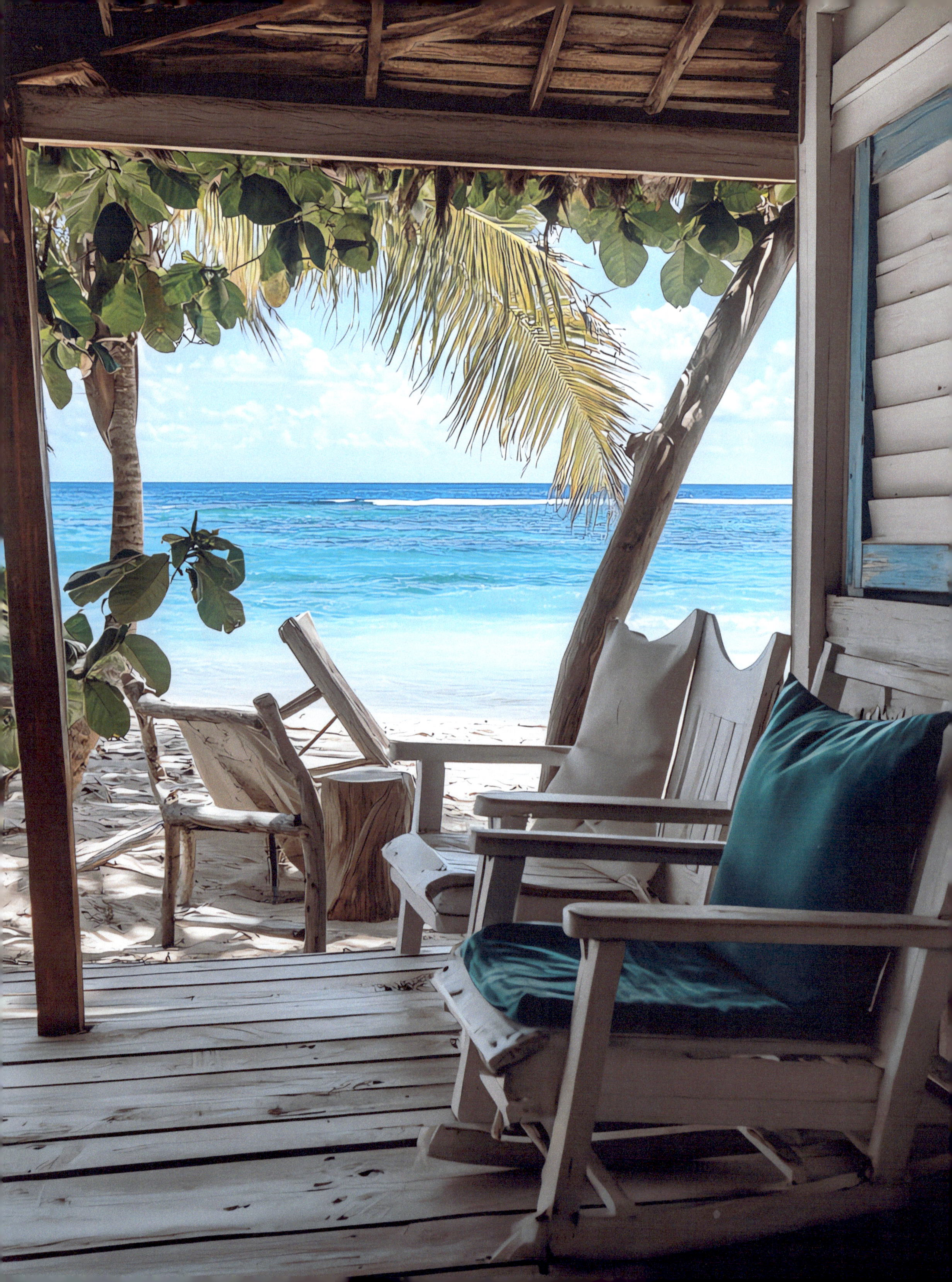

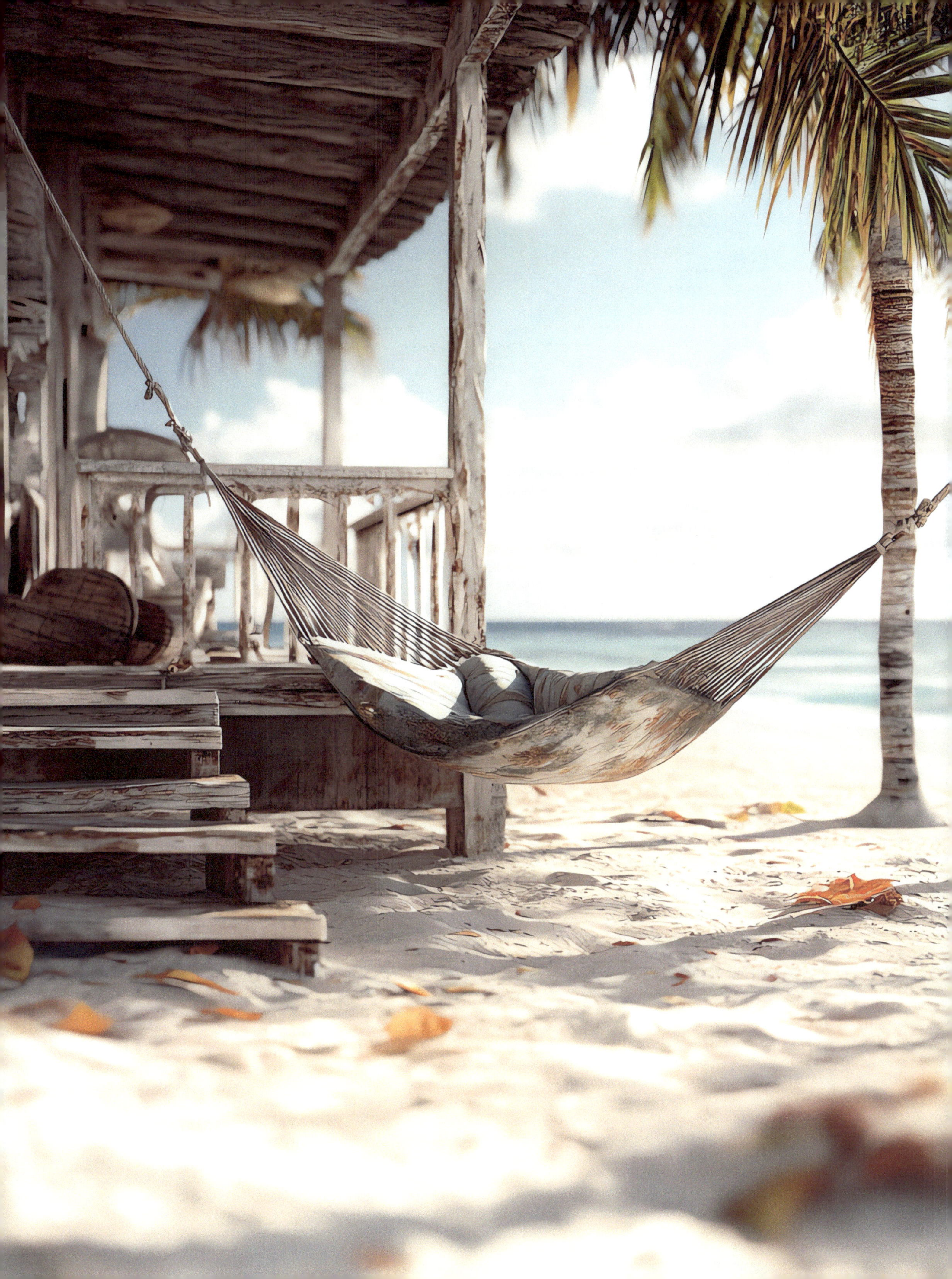

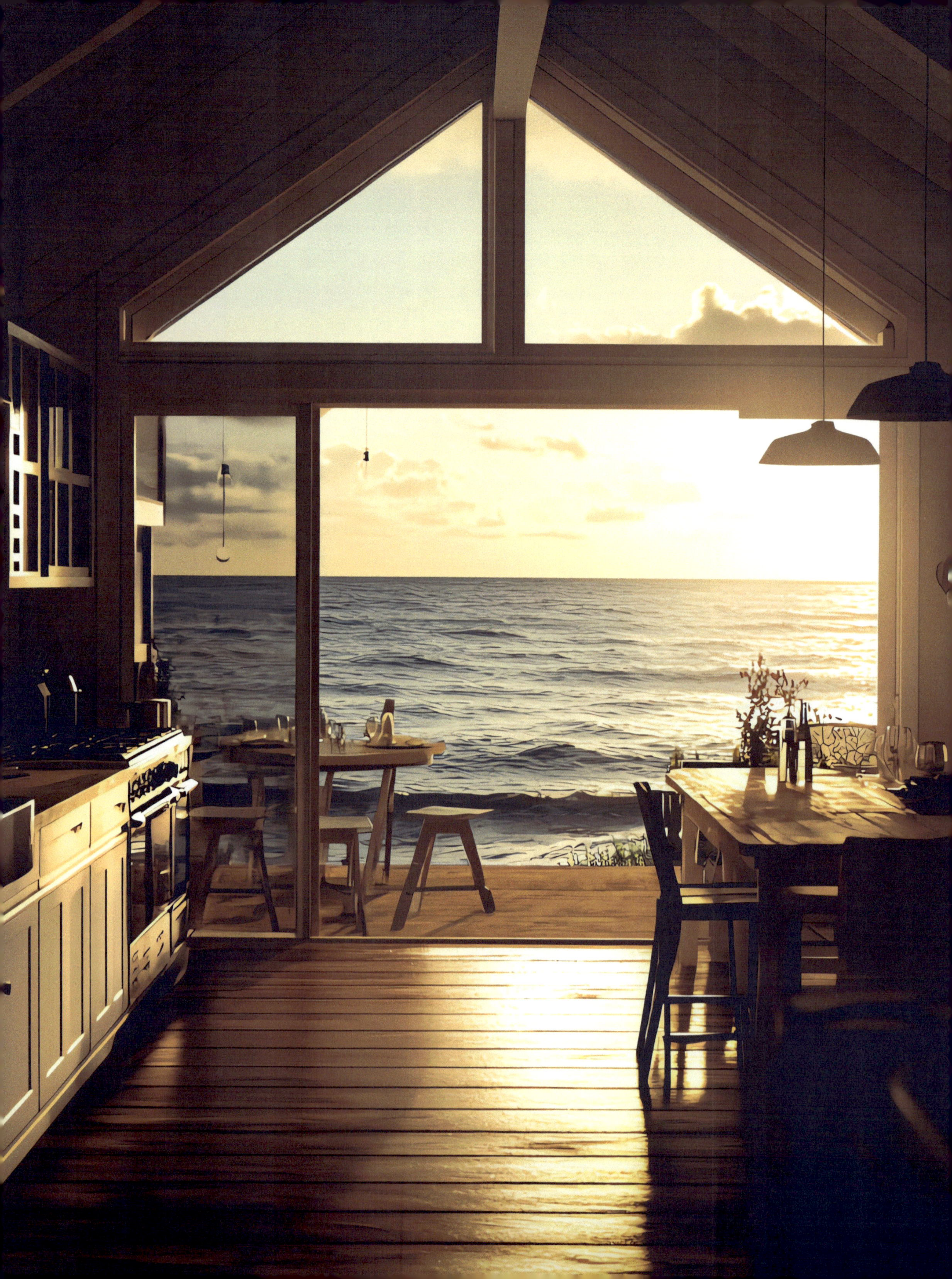

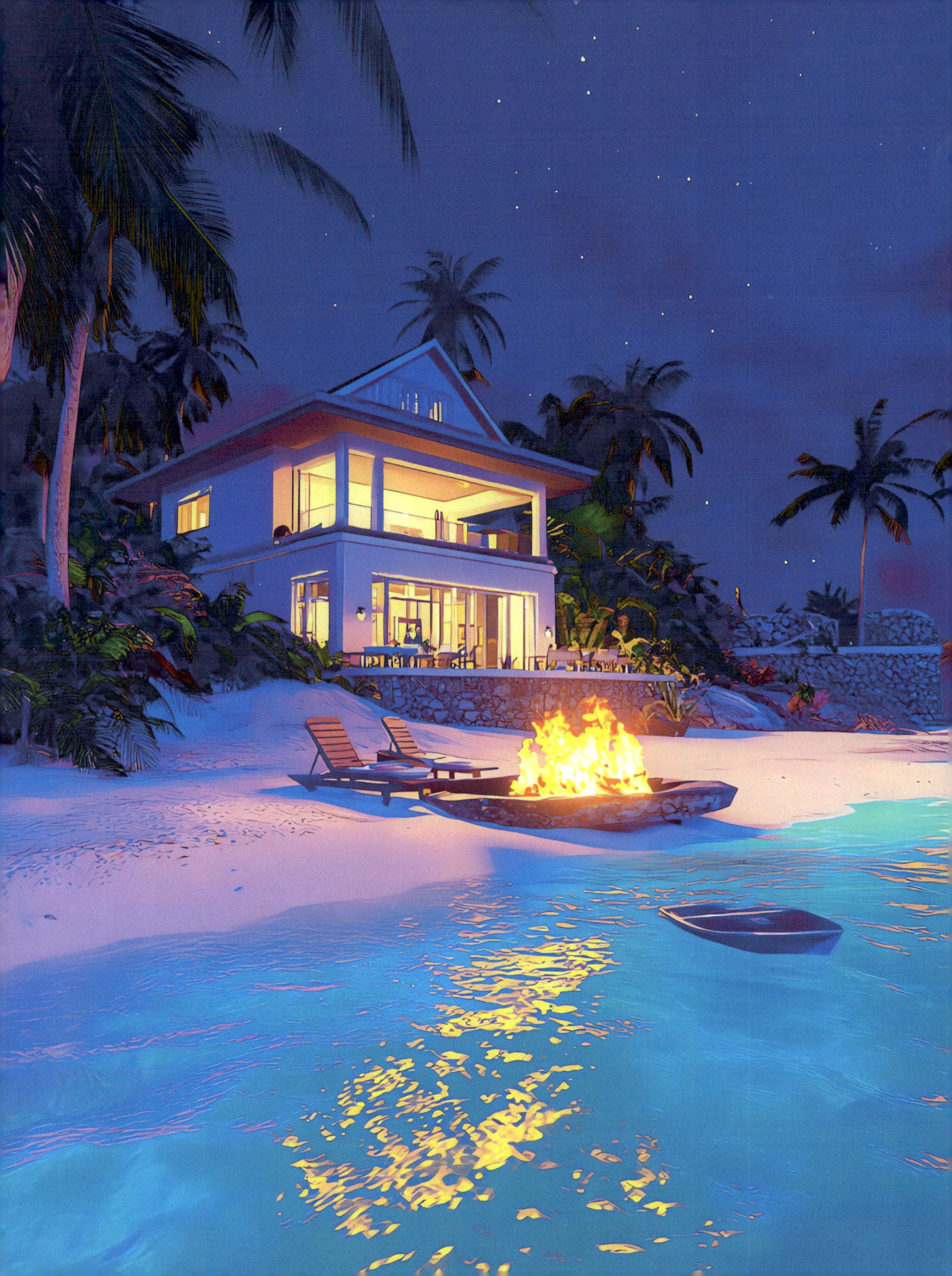

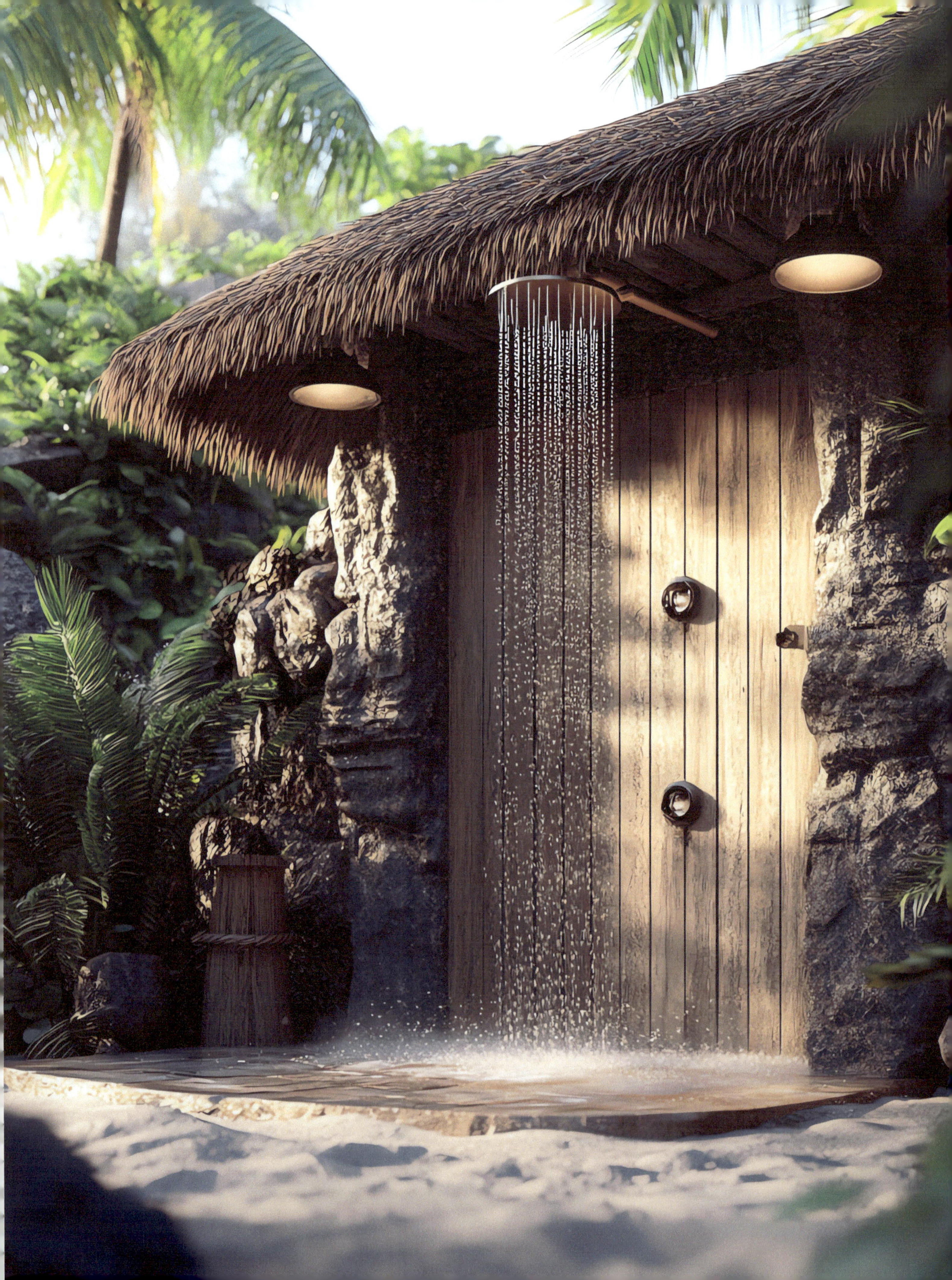

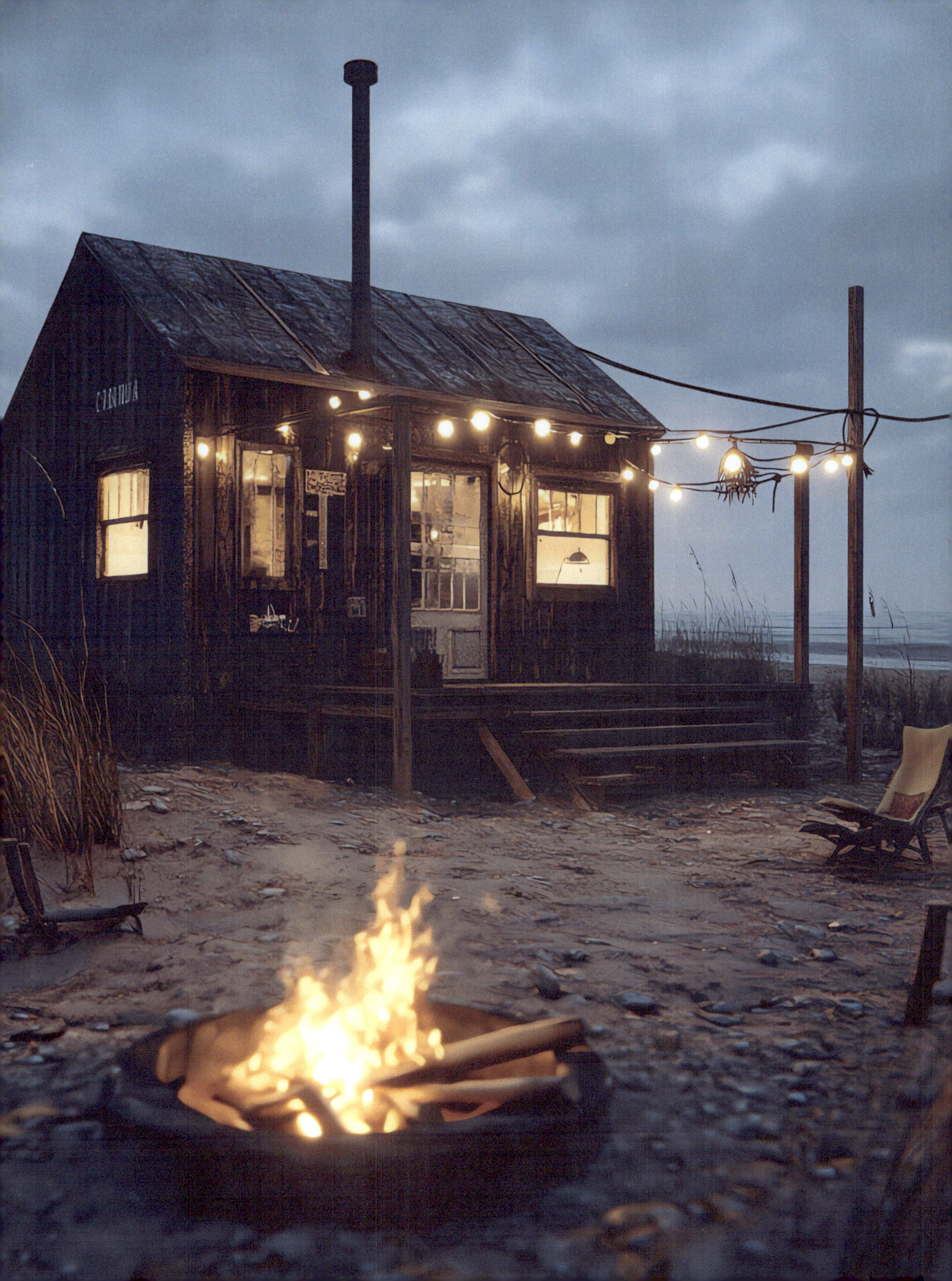

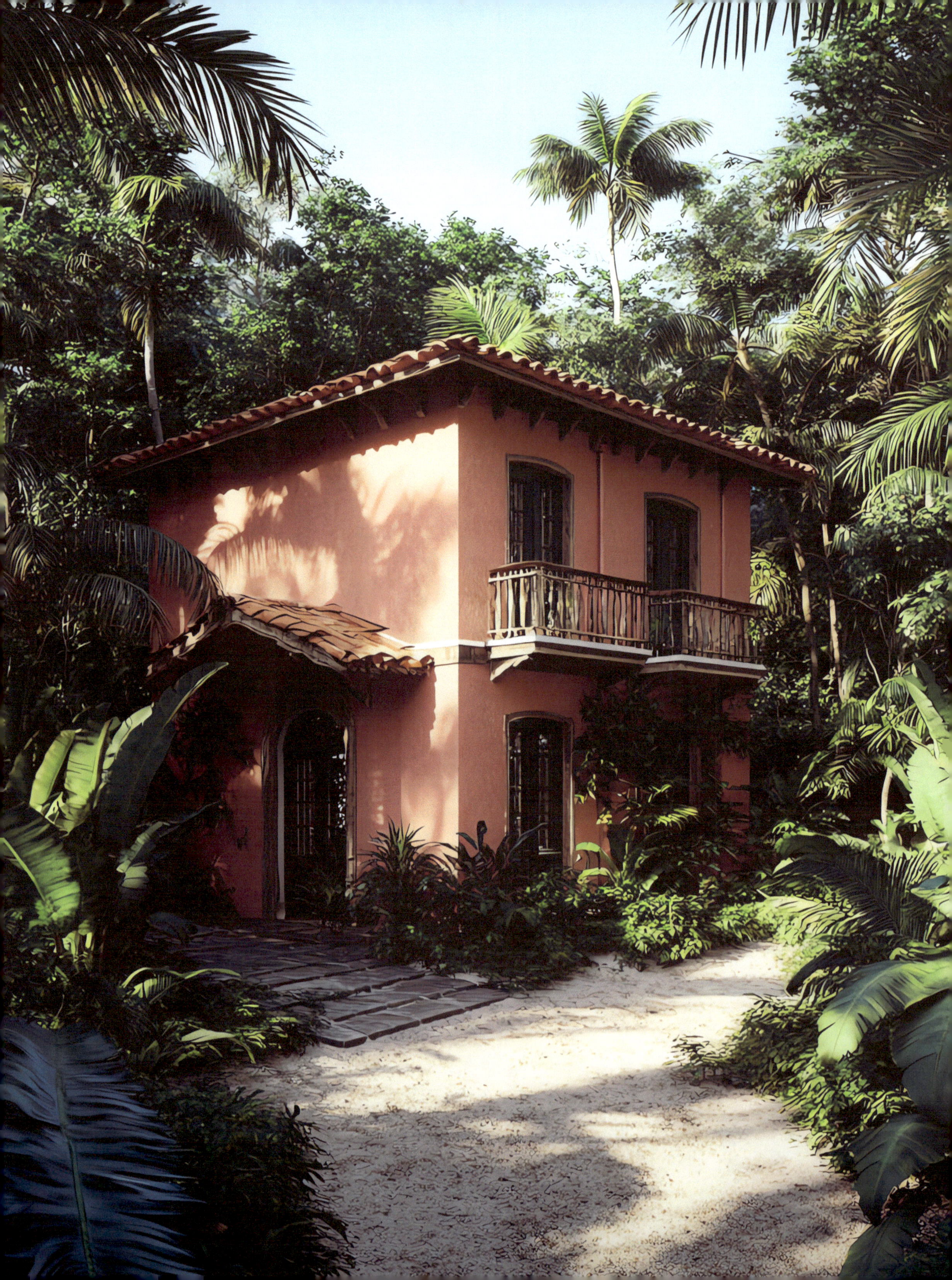

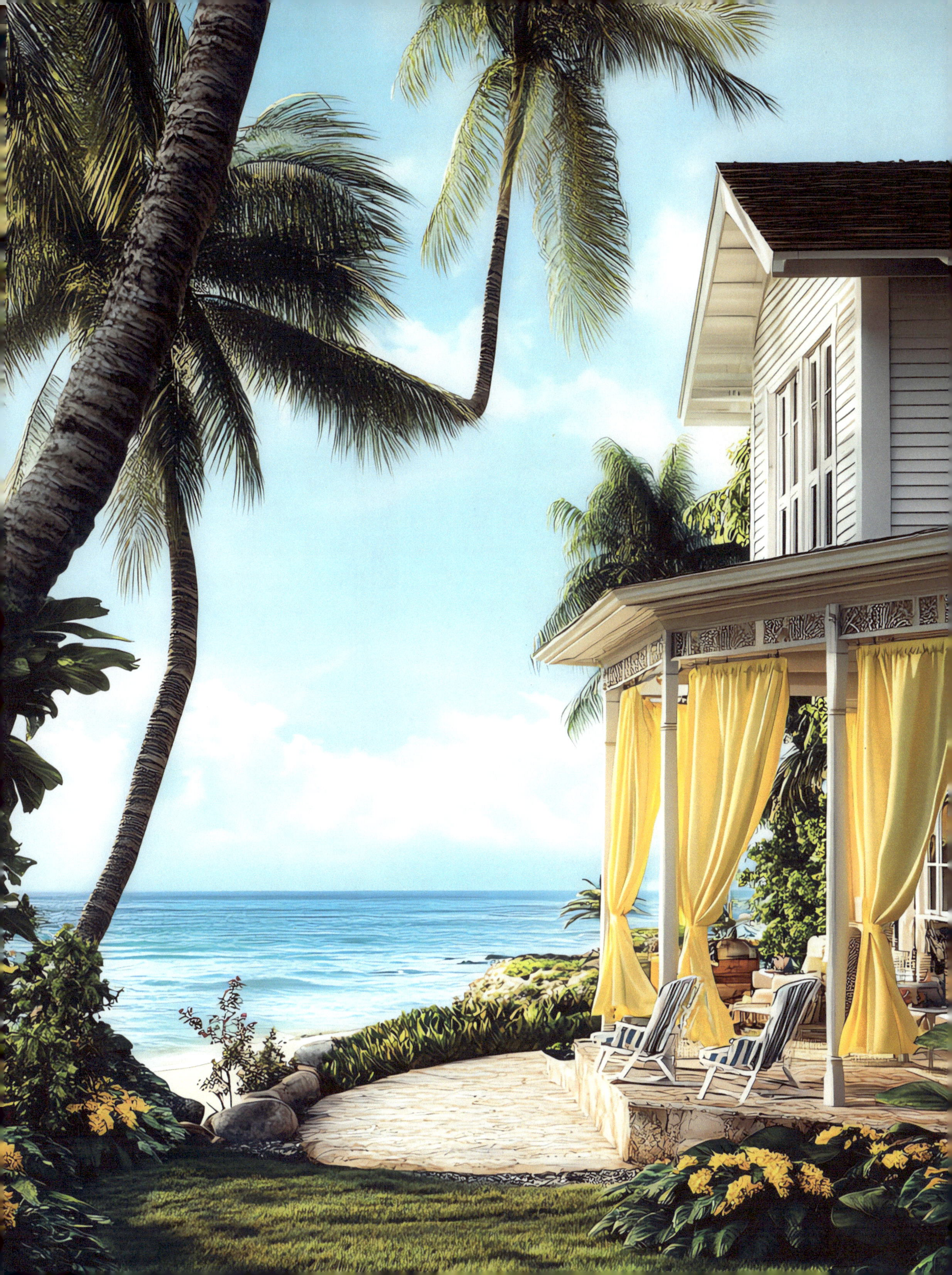

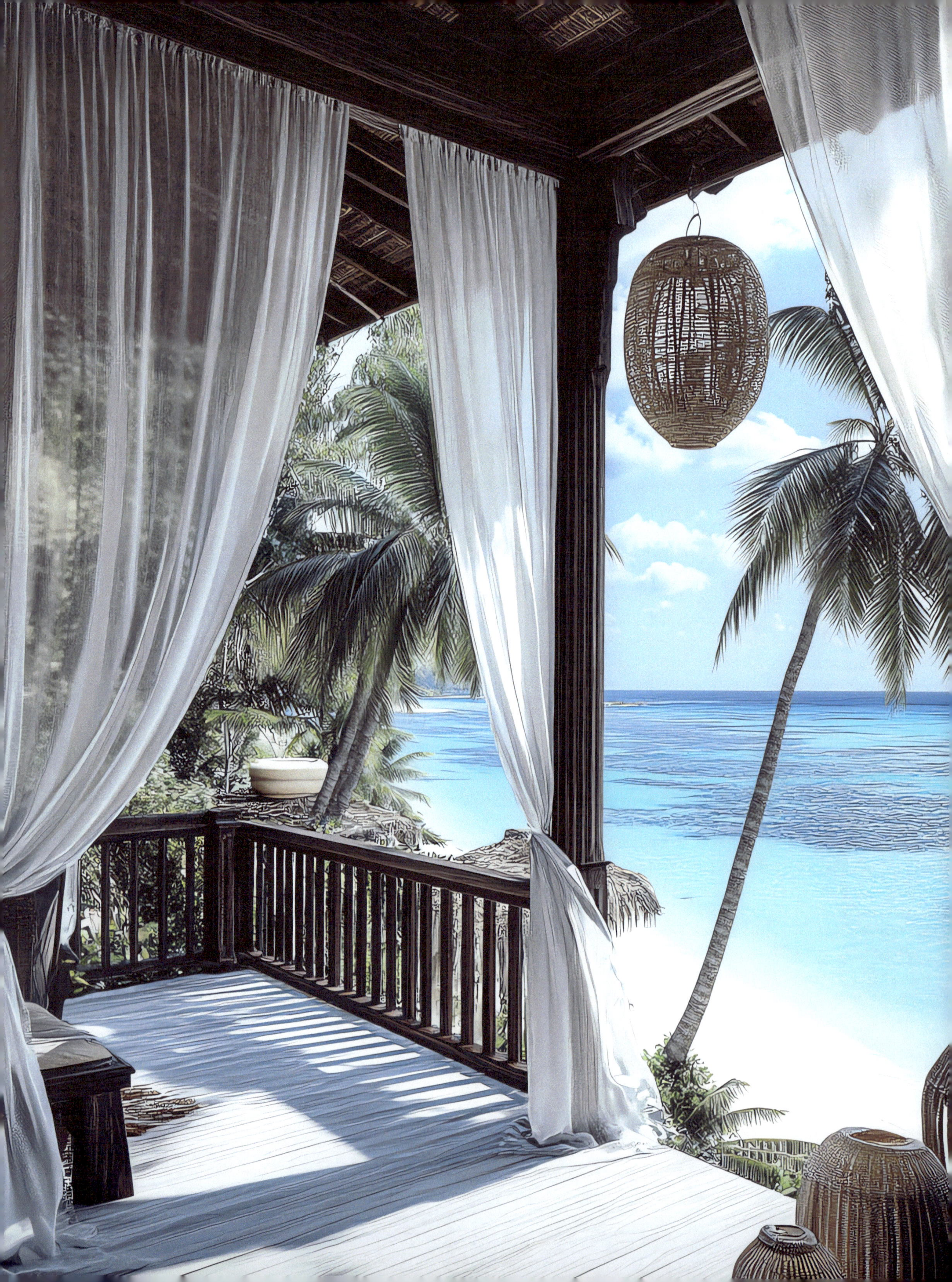

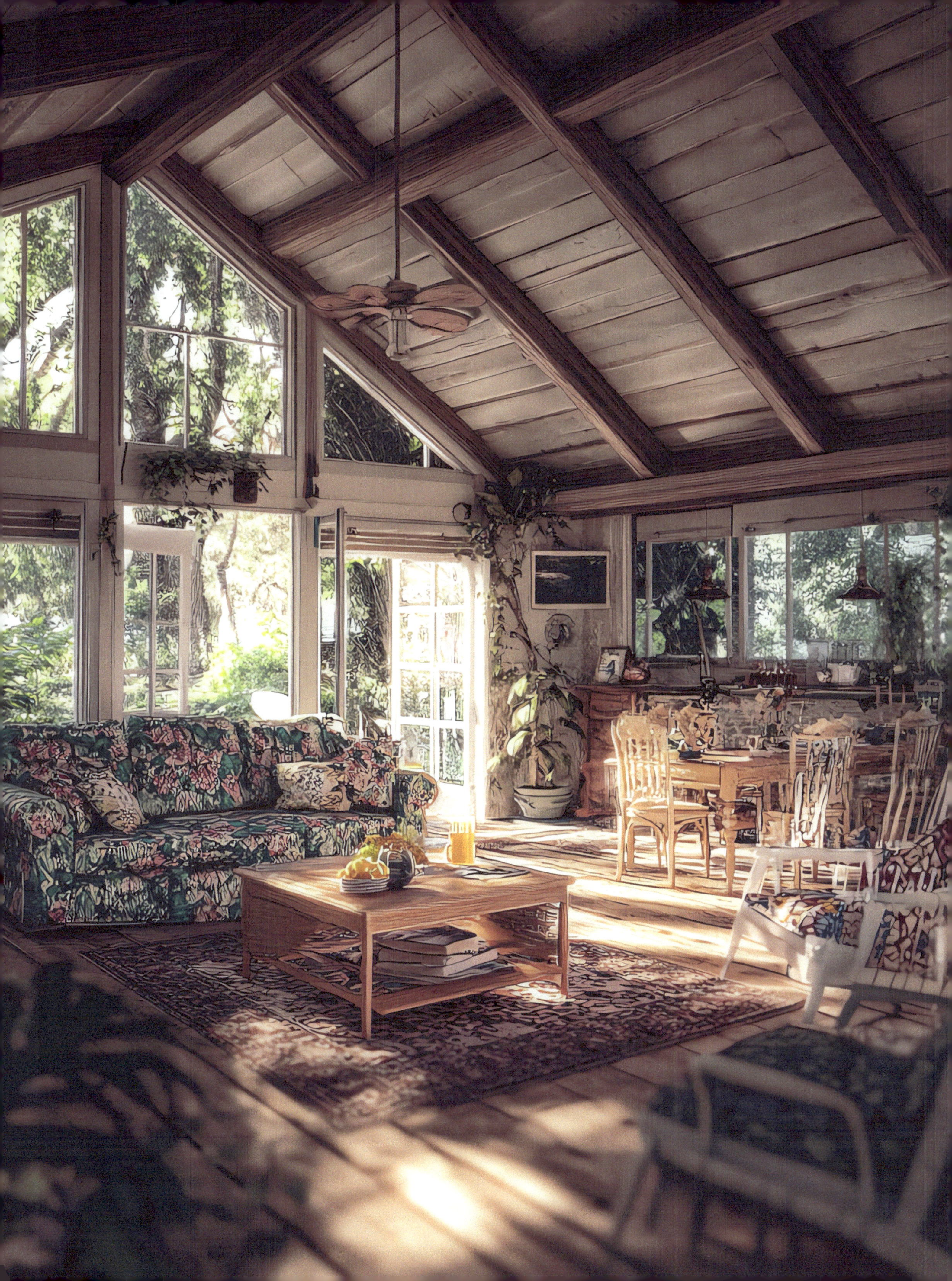

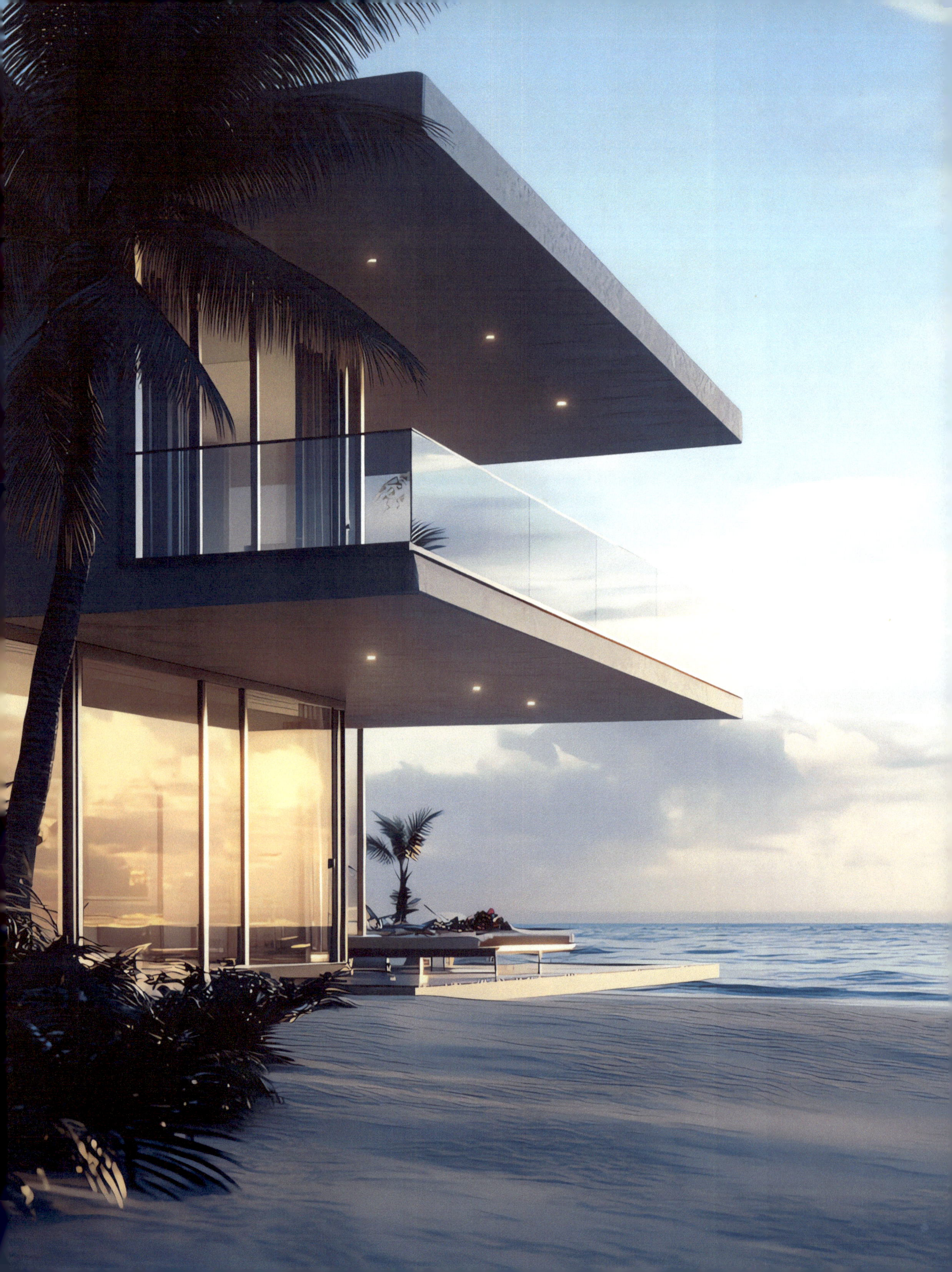